中华优秀传统文化与文化建设研究

孔令云◎著

吉林出版集团股份有限公司
全国百佳图书出版单位

图书在版编目（CIP）数据

中华优秀传统文化与文化建设研究 / 孔令云著 . -- 长春 : 吉林出版集团股份有限公司, 2023.3
　　ISBN 978-7-5731-3161-4

　　Ⅰ.①中… Ⅱ.①孔… Ⅲ.①中华文化－文化事业－建设－研究 Ⅳ.① G122

中国国家版本馆 CIP 数据核字 (2023) 第 057029 号

中华优秀传统文化与文化建设研究
ZHONGHUA YOUXIU CHUANTONG WENHUA YU WENHUA JIANSHE YANJIU

著　　者	孔令云
责任编辑	宋巧玲
封面设计	李　伟
开　　本	710mm×1000mm　　1/16
字　　数	223 千
印　　张	11.5
版　　次	2023 年 9 月第 1 版
印　　次	2023 年 9 月第 1 次印刷
印　　刷	天津和萱印刷有限公司

出　　版	吉林出版集团股份有限公司
发　　行	吉林出版集团股份有限公司
地　　址	吉林省长春市福祉大路 5788 号
邮　　编	130000
电　　话	0431-81629968
邮　　箱	11915286@qq.com
书　　号	ISBN 978-7-5731-3161-4
定　　价	69.00 元

版权所有　翻印必究

作者简介

孔令云，女，1977年8月出生，博士研究生，齐鲁工业大学（山东省科学院）讲师。主要研究方向：中国少数民族史、马克思主义与当代中国社会。主要讲授中国传统文化、马克思主义基本原理、马克思主义发展史等课程。以第一作者在《特区经济》等核心期刊上发表论文10余篇，参与省级项目5项，主持省部级课题1项，参与完成横向课题多项，参编教材多部。

前　言

中华优秀传统文化是当代中国文化自信的力量源泉。中华优秀传统文化的道德涵养、思想理念、中国智慧都是文化自信的理论依据，而中华优秀传统文化所展现出的强大生命力更是夯实了文化自信的根基。在构建当代中国文化自觉自信的进程中，应该从传统道德文化的历史发展中获得启示，坚持传承和弘扬优秀传统道德文化，进一步彰显社会主义核心价值观的文化根基和生命张力；汲取中国优秀传统道德文化的精髓，为培育社会主义文化自信夯实文化基础；坚持对优秀传统道德文化的创新转化，增强培育社会主义文化自信的内生动力。中国优秀传统文化传承了优秀的传统哲学智慧和思想精华，对新时期我国文化建设具有至关重要的作用。

全书共五章。第一章为中华传统文化与文化自信概述，主要阐述了文化自信相关概念界定、四个自信之文化自信、中华传统文化的基本特征、中华传统文化的基本精神、中西方文化的碰撞与融合等内容；第二章为中华优秀传统文化的传承与发展，主要阐述了中华优秀传统文化的源头分析、中华优秀传统文化的资源开发、中华优秀传统文化的传承与延伸、中华优秀传统文化的创新与发展等内容；第三章为中华优秀传统文化与现代文化建设的联系，主要阐述了中华优秀传统文化与马克思主义转化、中华优秀传统文化与"三观"建设、中华优秀传统文化与社会道德培养等内容；第四章为中华优秀传统文化与文化自信培养，主要阐述了中华优秀传统文化与文化自信的时代境遇、中华优秀传统文化与文化自信培养的关联、中华优秀传统文化与文化自信的价值意蕴、中华优秀传统文化与文化自信的路径选择等内容；第五章为中华优秀传统文化与文化自信的育人功能，主要阐述了文化自信、文化自觉与文化软实力建设，创新文化育人理念，丰富文化育人实践，构筑文化育人体系等内容。

为了确保研究内容的丰富性和多样性，本书在写作过程中参考了大量理论与研究文献，在此向相关的专家、学者表示衷心的感谢。

最后，限于笔者水平，加之时间仓促，本书难免存在一些不足，在此恳请同行专家和读者朋友批评指正。

孔令云

2022 年 9 月

目　录

第一章　中华传统文化与文化自信概述 ... 1
　　第一节　文化自信相关概念界定 ... 1
　　第二节　四个自信之文化自信 ... 8
　　第三节　中华传统文化的基本特征 ... 17
　　第四节　中华传统文化的基本精神 ... 19
　　第五节　中西方文化的碰撞与融合 ... 21

第二章　中华优秀传统文化的传承与发展 ... 25
　　第一节　中华优秀传统文化的源头分析 ... 25
　　第二节　中华优秀传统文化的资源开发 ... 26
　　第三节　中华优秀传统文化的传承与延伸 ... 29
　　第四节　中华优秀传统文化的创新与发展 ... 41

第三章　中华优秀传统文化与现代文化建设的联系 ... 69
　　第一节　中华优秀传统文化与马克思主义转化 ... 69
　　第二节　中华优秀传统文化与"三观"建设 ... 73
　　第三节　中华优秀传统文化与社会道德培养 ... 79

第四章　中华优秀传统文化与文化自信培养 ... 97
　　第一节　中华优秀传统文化与文化自信的时代境遇 ... 97
　　第二节　中华优秀传统文化与文化自信培养的关联 ... 105
　　第三节　中华优秀传统文化与文化自信的价值意蕴 ... 108
　　第四节　中华优秀传统文化与文化自信的路径选择 ... 114

第五章　中华优秀传统文化与文化自信的育人功能 …………… 134
第一节　文化自信、文化自觉与文化软实力建设 …………… 134
第二节　创新文化育人理念 …………… 148
第三节　丰富文化育人实践 …………… 157
第四节　构筑文化育人体系 …………… 166

参考文献 …………… 175

第一章 中华传统文化与文化自信概述

文化自信的关键是不忘本。对于当今中国来说,传统文化是社会主义文化的重要组成部分和核心价值所在,深厚的民族传统文化是我们安身立命的根基,古老的传统文化像一面明镜,不仅对当代人有借鉴警示价值,而且对于我们构建社会主义文化自信具有独特作用。本章分为文化自信相关概念界定、四个自信之文化自信、中华传统文化的基本特征、中华传统文化的基本精神、中西方文化的碰撞与融合五部分,主要包括文化的概念、自信的概念、文化自信的概念、文化自信形成的时代背景、文化自信的提出、文化自信的定位与特点等内容。

第一节 文化自信相关概念界定

一、文化的概念

在弄清文化自信的概念之前,我们首先要弄清什么是"文化"。对于文化概念的理解,不同学者有不同的见解。文化在我国史书典籍当中早已出现。文化是由"文"和"化"组成。"文"有"纹理"的意思,即"文"本义通"纹"。在《礼记·乐记》当中称:"五色成文而不乱。"在《说文解字》当中称:"文,错画也,象交文。"所以"文"就是把这种纹理和痕迹记录下来。"化"本义为变化、造化之意。在《黄帝内经》中记载,"物生谓之化,物极谓之变"。《礼记·中庸》当中也提道,"可以赞天地之化育"。"文"和"化"合在一起使用是在《周易》,即"观乎天文,以察时变;观乎人文,以化成天下"。"文化"一词首次出现是在西汉刘向的《说苑·指武》中,载:"圣人之治天下也,先文德而后武力。凡武之兴,为不服也。文化不改,然后加诛。"此处的"文化"就是"以文教化"的意思,属于精神范畴。在当今社会,"文化"的含义得到了引申,有多重含义。

文化是相对于政治、经济而言的人类全部的精神活动及其产品。

文化作为一种精神活动及其产品，离不开物质载体，离不开人与自然界。物质本身不是文化，但经过人类加工也就形成了文化。一块玉石原只是一种物质，但经过人类加工形成玉雕，那么就是一种文化。因为玉石是自然界所形成的产物，当人类对它进行加工的时候，添加了人的观念、审美和对物质进行的改造，所以就形成了以物质为依托的文化。文化离不开人对物质世界的改造。文化不仅有物质文化，而且有非物质文化。物质文化就像玉雕、兵马俑等，是以物质作为载体。非物质文化不是以物质为载体，而是一种技术或技能，需要有人进行传承，一旦失传就意味着这种文化消失。中国非物质文化种类繁多，工艺精湛，需要有人进行传承，重视文化有利于文化的传承。

文化与文明有所区别，文化是人所创造的，与自然界的东西有所不同，是社会结构的概念，是社会结构中存在的一种要素。而文明代表着社会的进步，表明社会进步的一种尺度。文明代表着历史的更替，当一种文明不适应社会发展的时候，这种文明会被另一种文明所取代，比如原始社会文明被奴隶社会文明所取代。文化不因历史的发展而消亡，有时处于繁荣时期，有时又处于低谷时期。文化与文明不是同步发展，文化发展的程度高不一定就代表文明发展程度高。文化对政治、经济具有反作用。社会可以分为经济基础和上层建筑，经济基础决定上层建筑，上层建筑对经济基础具有反作用，而上层建筑当中包含着文化，所以文化反作用于政治和经济。在《新民主主义论》中说："一定的文化是一定社会的政治和经济在观念形态上的反映。"这里的文化是指精神、意识等观念形态，与政治、经济有所区别，也阐述了文化与政治、经济之间的关系。文化只有作为一种精神力量才会显示其重要性，才会对经济、政治产生反作用。高昂的精神能使人积极向上，正确运用文化，发扬文化精神，推动中国向前发展。

在西方，"文化"一词源于拉丁文 culture，意思为农作物的耕种与培育。但是不同的学者对文化的认识有所不同，其中费尔南·布罗代尔在《文明史：过去解释现时》一书中就曾经列举了关于"文化"的 160 余种概念，但是没有一种概念能够得到普遍认同。18 世纪，西方思想文化概念演变，许多启蒙思想家将文化与知识联系在一起。德国古典哲学家康德对文化的理解主要侧重于精神方面，认为文化是人类的社会价值，并对文化赋予了道德自由的意义。19 世纪，英国文化人类学家爱德华·伯纳特·泰勒为文化定义，影响非常大，被人们称为"人类学之父"。爱德华·伯纳特·泰勒在《原始文化》一书中首次给文化做出了一个明确的定义，他认为，"文化，或者文明，就其广泛的民族学意义来说，是包括全部的知识、信仰、艺术、道德、法律、风俗以及作为社会成员的人所掌握和接受的任何其他的才能和习惯的复合体"。

泰勒将文化的定义变得更为丰富，之后，学者们在泰勒的影响下也从不同领域对文化进行研究。克鲁伯与克莱德·克拉克洪提出了自己的文化定义，将文化引申到符号文化角度，"文化由外显的和内隐的行为模式构成，这种行为通过象征符号而获得和传递。文化代表了人类群体的显著成就，包括它们在人造器物中的体现"。这个定义从宏观的角度概括了文化的重要意义，即使发展到今天，大部分西方学者也比较认可这个文化定义。

在世界文化多元化的背景下，文化的含义变得更加复杂。在社会主义文化建设过程中，对于文化需要从多角度、多层次进行研究。

二、自信的概念

"自信"在中国古代典籍中，较早出现于战国时期的哲学著作《墨子》中。《墨子·亲士》载，"君子进不败其志，内究其情，虽杂庸民，终无怨心，彼有自信者也"，指作为君子，仕途顺利时，不改变志向，不断内修心性，虽杂处庸众之中，仍没有抱怨之心，这就是有自信的人，体现的是人处理与自身关系时对自己志向的坚定执着。西汉刘安在《淮南子·诠言训》中说："自信者，不可以诽誉迁也；知足者，不可以势利诱也。"指自信的人不会把外界的诽谤和赞誉看得太重，体现的是人在处理与他人之间的关系时，对自身价值的充分肯定，不为他人的积极或消极评价所改变。在后晋的《旧唐书·卢承庆传》中有："朕今信卿，卿何不自信也？"指自己相信自己的意思。唐代韩愈的《谢自然诗》有言："人生处万类，知识最为贤。奈何不自信，反欲从物迁。"指人生存于万物之中，具有知识是人类高明之处，为什么不相信自己的力量，反而只是一味地要跟着外物变迁？此处体现的是人在处理与自然的关系时对自身创造力的积极评价。中国传统文化中的"自信"体现的是在处理人与自身、人与人、人与自然的关系中，充分肯定自身的力量和价值，"天生我才必有用"（李白）、"胜人者有力，自胜者强"（《老子》）、"自立自重，不可跟人脚迹，学人言语"（陆九渊）。"自立自强"以"自信"为基，没有"自信"难以实现"自立自强"。

在英语中，"self-confidence"指的是主体信赖自己的一种情绪或自觉，表现为对自己能力的信心。在西方关于"自信"的箴言中，苏格拉底曾说"一个人能否有成就就看他是否具备自尊心与自信心两个条件"，弥尔顿曾说"自尊和自信乃是一个人获得至高荣誉和成就伟大事业的基石"，屠格涅夫说"先相信你自己，然后别人才会相信你"。这几句话是说"自尊"与"自信"是成功人生的基石，是获得别人信任的条件。相比之下，中国传统文化中"自信"的内涵更深刻、更丰富。

在学理上，不同的学者对"自信"的理解各有不同，总结起来主要有心理学和哲学两个角度的界定。美国心理学家马斯洛最早对自信心理进行了研究，并且根据他的需求层次理论，认为自信作为人的一种情感体验，产生于人的自尊需求，当自尊得到满足时就产生了自信。有学者认为，"从心理学的角度来讲，自信是建立在自己对自己正确认知的基础上，是对自身实力正确估计和积极肯定的自我意识的重要成分"。从马克思主义唯物史观来看，自信是主体在认识、改造世界的实践过程中，主客体相互影响、交互作用的产物，是主体本质力量得以确认从而产生的一种积极心态。

"自"与"他"相对，"自信"处理的是"自者"与"他者"的关系。"自"可以是个体概念的"自己"，也可以是群体的概念，比如"自己的民族""自己所在的政党""自己的祖国""人类"；"他"的概念也从个体和群体上予以对应的同时，还应包括"人类"所对应的"自然界"。所以，"自信"是主体在处理与"他者"关系时，在把握主客体辩证关系的基础上，在具体的实践过程中，所具有的一种积极主动的精神状态，即人在处理人与自身、人与人以及人与自然关系时的"精神上的主动"。

"自信"是人的重要品格，是自我意识的重要组成部分，对人的发展具有重要意义。"自信"不同于过分相信自己或过分相信"他者"。"不自信"的表现有两种：一种是自大、自负，盲目排他，迷信自己；一种是自卑、自弃，盲目信他，不信自己。两者本质都是远离对主客体关系的科学辩证的认识，过分夸大或过分贬低自身的价值和力量，使自身在处理与"他者"关系时处于一种"精神上被动"的状态。自信本质上是在处理"自"与"他"的关系时，辩证地看待主客体的关系，在客观理性的基础上的一种开放的心态和"精神上的主动"状态，体现为对自身能力和价值的积极评价和充分肯定，以及在实践中的主动创造性和为实现实践上的创造所具有的坚定信念。

三、文化自信的概念

（一）文化自信内涵的多维解读

1. 从时间维度来看

文化自信是主体对历史文化长河的展望、凝视和反思。维特根斯坦在《文化和价值》中写道:"我也许正确地说过,早期的文化将变成一堆瓦砾,最后变成一堆灰土,但精神将萦绕着灰土。"

历史变迁使人们的生活方式、风俗习惯、价值理念悄然改变,但在变动之中又能总结出许多不变的精神财富,诸如爱国主义、自强不息等思想品格。在五千多年文明发展史中孕育的中华优秀传统文化,在党和人民伟大斗争中孕育的红色文化和社会主义先进文化,积淀着中华民族最深沉的精神追求,代表着中华民族独特的精神标识,因此中华优秀传统文化、红色文化、社会主义先进文化虽然是不同历史时期的文化结晶,但作为中华民族伟大的文化成果,共同缔造了新时代文化自信的重要内容。因此,文化自信不是否定传统,也不能凝固传统,而是秉承历史唯物主义和辩证唯物主义的文化观,在回望过去、聚焦现在、展望未来的基础上对中华优秀传统文化、红色文化和社会主义先进文化保持热爱和尊重。

2. 从心理特征来看

文化自信是指主体对文化的生命力、创造力、影响力、凝聚力的深度认同和坚定信念。较早引起学界广泛关注的文献是云杉的《文化自觉 文化自信 文化自强——对繁荣发展中国特色社会主义文化的思考》,文章认为:"文化自信,是一个国家、一个民族、一个政党对自身文化价值的充分肯定,对自身文化生命力的坚定信念。"该文通过刻画文化主体的心理状态,为学界理解何谓文化自信提供了鲜活的表征。

文化自信的落脚点是自信,即主体对客体文化拥有积极的心理特征,因此,判断主体是否具备文化自信可以从其文化心理出发。比如,诗人艾青说过,"为什么我的眼里常含泪水?因为我对这土地爱得深沉",虽然当时的中国正遭受苦难,但艾青依然抱有浓烈的爱国情怀,这体现了坚定的文化自信,深刻说明文化自信是发自内心的信念。

3. 从形成结构来看

文化自信是指文化主体有意识地对文化进行建构,通过比较、鉴别等具体过程形成符合社会主义核心价值观要求的文化观。在我国的具体语境下,文化自信是有意识地增强中国特色社会主义文化的认知与认同,通过全方位地学习自觉走出文化自卑、文化自负等消极文化心理。刘林涛指出:"文化自信是文化主体对身处其中的作为客体的文化,通过对象性的文化认知、批判、反思、比较及认同等系列过程,形成对自身文化价值和文化生命力的确信和肯定的稳定性心理特征。"该文重点强调文化自信的动态发展过程,探讨了文化自信从无到有的必经阶段。因此,文化自信不是人先天的禀赋,而是实践中主体有意识建构的结果。

4.从世界视野来看

文化自信不是文化霸权主义,而是在和平发展的基础上对本国文化传统的尊重和热爱,也是维护本民族文化多样性的必然抉择。"你们赞美大自然令人赏心悦目的千姿百态和无穷无尽的丰富宝藏,你们并不要求玫瑰花散发出和紫罗兰一样的芳香,但你们为什么却要求世界上最丰富的东西——精神只能有一种存在形式呢?"

早在一百多年前,马克思就对文化的多样性进行过生动的描述。进入21世纪,世界范围内的文化交流与融合越来越引人注目,人们普遍意识到世界文化的多样性有助于构建多姿多彩的人类家园。但是,在西方文化霸权主义的侵蚀下,社会主义核心价值观被扭曲、被屏蔽、被颠倒,思想文化领域一旦出现"根不稳""魂不定"的现象,将会对中华民族伟大复兴构成巨大威胁。因此,我国倡导坚定文化自信,"决不是搞文化民粹主义,它的立足点是促进中华民族和平发展、实现中华民族伟大复兴的中国梦"。

综上所述,我国所倡导的文化自信是指中华民族立足于世界文化交流共鉴的时代背景,对本民族文化在过去、现在和将来的价值形成准确的认识和坚定的信念,该信念在行动上表现为对中国文化的继承创新、挖掘弘扬和领悟践行。由于中国特色社会主义文化源自中华优秀传统文化,并经历了红色文化的洗礼和社会主义先进文化的升华,因此,我们所要涵养的文化自信就是中国特色社会主义的文化自信。

(二)文化自信的相关概念辨析

分门别类地辨析文化自信的相关概念,可以准确把握文化自信的内涵和外延,与错误的文化心理划清界限。

1.文化自信与文化自卑、文化自负

自卑、自负与自信属于人的自我意识的一种表现,当人过低评价自己时容易产生自卑的心理特征,过高评价自己时则容易产生自负的心理特征,只有准确评价自己时才能产生自信的心理特征。自卑与自负属于没能正确认识自己的表现。自卑容易导致人的自我效能感低,在实践中常伴随半途而废或不敢尝试等行为;自负则容易导致人的盲目狂妄,在实践中常伴随不能正确接纳新事物等行为。作为实践活动中的人,不仅要正确认识自己,也要以正确的态度对待身处其中的文化。如果说自卑、自负与自信是人的一种自我意识,那么文化自卑、文化自负与文化自信就是主体对待文化的自我意识,即主体以什么样的态度对待文化。

第一章　中华传统文化与文化自信概述

在汉唐时期，中国的经济实力和综合国力保持领先地位，经济实力的强大导致朝廷沉迷于"天朝上国"的思想中沾沾自喜，最终演变成文化观上"华夏为尊，夷狄为卑"的心理，这无疑是文化自负的表现。文化自负是自负心理在文化领域的反映，即主体对本民族文化的过去、现在和将来盲目、过度地认可，在实践中对其他民族文化的影响力和生命力鄙夷不屑，目空一世。这种文化自负心理最为直接的后果是产生文化保守主义，使人们无法正确感知世界潮流的变化。

当鸦片战争敲开中国国门之后，我国开始了屈辱受难的历史，"天朝上国"的迷梦也被坚船利炮震碎了。为挽救民族，不少仁人志士将目光看向了西方，文化自卑心理在中国悄然出现。文化自卑是自卑心理在文化领域的反映，是主体对本民族文化的过去、现在和将来持有否定和怀疑的态度，在实践中对本民族文化的影响力和生命力具有自惭形秽和自愧不如的心态。文化自卑和文化自负心理不仅曾经对中国历史发展产生不利影响，而且会对实现中华民族伟大复兴带来阻碍，这值得我们警醒。我国古人认为"知人者智，自知者明"，西方阿波罗神殿石柱上也镌刻着"认识你自己"这一至理名言，无论中西文化都强调人要正确认识自己。在文化领域，我们不仅要正确了解自身文化的来历、特色和发展趋向，而且要理性对待自身文化，应该旗帜鲜明地反对文化自卑、文化自负，用文化自信助推中华民族伟大复兴。

2. 文化自信与文化自觉、文化自强

何谓自觉？在长期的语义发展中，自觉被释义为自己感觉到、自己意识到。可见，自觉是指人的一种主动性觉醒。引申开来，文化自觉即人对文化的主动性觉醒。从时间轴看，文化自觉应该体现人对本民族文化的过去、现在和未来的三方面觉醒；从空间轴看，文化自觉不是孤岛中的探索，而是人在世界多元文化对比中对本民族文化的觉醒；从内容层面看，文化自觉应包括人对本民族文化的历史、内容、特色、地位、作用、规律等多方面的主动认识。总的来说，文化自觉强调主体对待文化的意识，其标志是自觉性，即主体积极主动地思考本民族文化如何来、有什么、怎么样、何处去等问题。文化自觉是文化自信的前置要素，主体如果无法准确认识本国文化的发展脉络、内涵特征和发展趋势，就难以形成对自身文化价值和文化生命力的肯定与信念。

何谓文化自强？文化自强就是文化的自我发展和繁荣，文化自强来自文化生存的内在和外在压力，但不受外力的强加，它是文化在面对生存压力时做出的积极反应，它以文化自觉和自省作为基础，在积极进取的前提下不断地进行着发展、完善和繁荣，为使自身可以在宏伟的人类文明中占据一席之地而奋发向前。

文化自信、文化自觉与文化自强代表着文化主体不同程度的心理状态。文化自觉强调主体的觉醒意识，文化自信强调主体的自信态度，文化自强强调主体的发展方略，三者各有侧重、层层推进。

第二节　四个自信之文化自信

一、文化自信形成的背景

（一）国内背景

1. 新时代文化发展面临的新挑战

新时代背景下，我国的经济发展稳步向前，经济实力跃居世界前列，国防、科技等实力雄厚，创新能力增强，我国综合国力稳步提高，文化也得到前所未有的发展。文化自信地位的提升，标志着我国从文化大国正朝着文化强国迈进。事物发展需要从辩证的角度去了解，新时代背景虽提出了文化自信，但不能因此认为我国文化发展达到成熟且自信的状态，而是从辩证的角度去分析我国文化发展的状况。我国文化发展前途是光明的，道路是曲折的，尤其朝文化强国迈进的途中也伴随着一系列困难和挑战。文化力量是润物细无声、潜移默化、深远持久的，具有举足轻重的地位，虽然我国具有五千年底蕴深厚的传统文化，但在新时代背景下，互联网、科技日渐兴盛，海量信息对我国的传统文化造成一定程度的冲击。信息高速发展的现代，一些人更痴迷于娱乐性的文化，并且对文化的了解也是碎片化的，缺乏对我国传统文化知识、文化精神以及文化基本要义等整体的了解，譬如，对我国历史文物、文化遗址、传统文化作品等没有鉴赏能力，造成对中华民族文化认同感逐渐下降以及弱化民族精神等一系列的问题。

新中国成立以来，我国在中国共产党的领导下日渐繁荣兴盛，人民物质水平不断提高，人民群众是社会主体，是历史的创造者，在人类活动中具有主体地位，尤其在物质条件得到充分保障的前提下，人们生活的主观能动性也随之提升。文化力量对人具有塑造作用，文化可以丰富人们的精神世界，增强人们的精神力量，但文化的柔性力量没有充分展现，所以在经济发展的同时也要注重文化的发展，只有两者平衡发展才能从根本上解决社会主体的需求。

2. 新时代文化发展遇到的新契机

中华文化的历史底蕴为文化自信创新提供了根基，国家的兴旺发达与文化兴盛休戚相关。新时代文化发展要建设文化强国离不开我国优秀传统文化的理论支撑，我国文化拥有五千年历史，文化底蕴深厚，中华优秀传统文化是文化自信建设的"根"。

新时代背景下，我国正处于百年未有之大变局，在这变局之中，困难与机遇并存，新时代文化发展既需要对我国文化进行创新，又需要树牢文化安全意识，为把我国建设为文化强国，离不开中华优秀传统文化的历史底蕴供给。中国特色社会主义进入新时代之后，我国社会的主要矛盾发生相应的转化，与以往相比，人们对美好生活的需求更符合现代人对于未来生活的期盼，人们更加注重精神层面的需求，注重文化品质。文化能带来柔性力量，能满足人们精神上的需求。

新时代，中国经济在世界跃居前列，国家综合国力提升，人民生活水平提高，强大的经济条件为中华文化的发展起到强有力的支撑。此时，机遇与困难并存，文化的发展既需要物质条件支撑，也需要牢固的意识形态去维护我国文化安全，我国社会主义核心价值观的倡导在一定程度上可以防止西方文化价值观的渗透。文化的柔性力量在新时代背景下既可以用来夯实国家经济发展基础，又可以文化兴国，推动中华文化繁荣发展，为实现中华文化伟大复兴奠定理论基础。

（二）国际背景

国际形势虽然严峻，但各国之间联系日益密切，伴随着各国文化价值观的渗透，我国如何坚守自己独特的文化遇到前所未有的挑战。

意识坚定是一个国家维护自身文化价值观的最佳武器，面对西方文化价值观的渗透，我国文化发展要坚持社会主义核心价值观，树牢自身文化发展的主流意识。

文化发展具有相对性，不同国家和不同民族之间的文化发展不一致，各自带有自己的特色，尤其是资本主义社会和社会主义社会是两种不同属性的社会，文化发展属性也不一致，社会主义文化是属于人民群众的文化，秉承平等和按劳分配原则。

新时代背景下，国际之间形势严峻但同时联系也日渐频繁，当前中国文化市场既要以开放包容的心态吸收他国优秀文化元素，但也要坚定自己文化发展的信心，防止不良思想影响我国经济、政治、科技、文化等发展。

二、文化自信的提出

改革开放后，随着文化视野不断开阔，对外交流互动日益深入，中西文化之间也开始了全面的碰撞。在这种情况下，学术界掀起了传统文化与西方文化重新阐释的热潮。这种热潮虽然只是发端于学术界，但是却直接波及了社会的各个领域。这种阐释与解读直接关系到中国文化、中国社会未来发展、中国与世界关系乃至中国未来政治走向的问题。关于中西文化交流中的文化自信问题成为讨论的热点，季羡林是这一议题的主要代表。他在 1989 年发表的《从宏观上看中国文化》提出要从宏观上看中国文化，要具备世界和历史的眼光，要明确中西历史文化的发展呈"三十年河东，三十年河西"的变迁规律。因缘际会，季老的这篇文章发表时正处于"文化潮"讨论的高峰期、世纪的交会期、历史的转折点，所以具有极强的现实意义，为 21 世纪中国文化的发展指明了方向。所以当后人在论及文化自信时也多将这篇文章作为最初的源头。

正如季老自己所言，"我是反拨全盘西化中第一个吃螃蟹的人——是在为中国的文化失败主义、文化自卑主义打气，我在为中国找文化自信……恢复我们民族自信……来为东方民族的振兴和东方文化的复兴开道"。由此可见，季老当时主要是针对中国人的文化自卑以及西方人的文化优越问题提出的文化自信，但是遗憾的是当时并未引起重视，所以后来出现了一些文化不自信的问题。

经过了 20 世纪 90 年代文化自觉、文化自信等"文化潮"的洗礼，伴随 21 世纪以来中国经济的腾飞，我们开始意识到综合国力的提升除了要追求硬实力的增长，更要有软实力做依托，实现强国之路"面临的困境也许不只是技术和物质方面的，更主要、更艰难的是文化和精神方面的"。之后，"文化自信"开始从幕后走向台前。党的十七届六中全会上，国家首次将"文化"作为中央会议的中心议题，从国家战略层面确立了文化强国的战略目标，特别指出要"培养高度的文化自觉和文化自信"。

三、文化自信的定位与特点

（一）文化自信的定位

立足于中国独有的自信体系，文化自信具有独特的价值。坚定中国特色社会主义道路自信、理论自信、制度自信，说到底就是要坚定文化自信。

文化自信作为其他三个自信的基本价值支撑，"是更基础、更广泛、更深厚

第一章　中华传统文化与文化自信概述

的自信，是更基本、更深沉、更持久的自信"。这里所说的"更"是相对于其他三个自信来说，文化自信的这些特点更为突出。

第一，"更基础""更基本"立足于文化自信的地位和作用，是指文化自信的基础性。文化自信的核心是理想信念，而道路、理论、制度属于政治范畴，理解政治范畴的概念需要一定的文化素养，因此，坚定对中华文化的认同感和自信心能够为中国特色社会主义建设提供有力的精神支撑。

第二，"更广泛"体现了文化自信的内容和影响，是指文化自信涵盖内容和范围的广泛性。文化作为自然科学的社会意识，可以渗透于各种物质载体之中，因而文化自信不仅表现为对文化的高度认同，也体现在对中国特色社会主义道路、理论和制度的坚定信仰上。

第三，"更持久"展现文化自信的传承和延续，是指文化自信影响的持久性。文化作为一种印记，一旦成为信仰，就会深深扎根于人们心里，长久地发挥引领作用。

第四，"最深沉""最深厚"则展现了文化自信的状态，是指文化自信影响的深入性。中华文化展现了中华民族永恒的精神追求，潜移默化地影响着人的思维方式和价值观念，成为人日常生活坚定的信念。

（二）文化自信的特点

如同对文化自信内涵的界定一样，对文化自信特点的解读也是呈现多样化特点。其中，上海师范大学的马振江教授认为，文化事关意识形态问题，对于文化自信的讨论应该涵盖意识形态属性，它是文化主体对"自身文化的历史发展和精神特质的总体性判断，是在综合人类先进文明和反思自身文明的基础上的发展与创新，是文化创新能力和文化发展道路的自信，具有鲜明的时代性、民族性、阶级性与实践性特征"。当代中国的文化自信是中国共产党人用马克思主义立场、观点指导中国革命、建设改革实践过程中对文化的选择、创造、发展的结果。

此外，上海交通大学的刘士林教授，从哲学角度——主体的生命机能出发，认为要建构文化自信，不能单纯依赖于外在的物质条件，需要首先建构起稳定的主体环境，因为"文化自信是人类特有的一种具有超生物性、超自然性、超现实性的文化生命机能，是人类社会实践在个体生命内部建构的高级文化结构，也是人类主观能动性和文化创造性的具体表现"。文化自信的主要功能是"弥补自然、社会与历史条件的不足、局限与束缚，通过意识、符号、精神的刺激与再生产为主体提供推动文明进步、社会发展的思想、激情、智慧、意志和创造力"。也有人从文化自信的主客体统一的角度认为"文化自信具有主体性、指向性、象征性和包容性等本质特征"。有人从近代以来我国文化变迁的历史路径与理论逻辑入手，认为文化自信的确立不是一朝一夕的，其存在与发展有一定的必然性和规律性，文化自信有多方面的内核与表现，具体来说文化自信"实质上是科学性与人民性、历史性与时代性、民族性与世界性的有机统一"。

文化自信的特点应当具备以下几点：民族性、指向性、时代性、可塑性。首先，就民族性而言，从文化自信主体而言，无论是国家、政党、民族、社团、个体等，都是由中国人民组成的，都统摄于中华民族属性之下。从文化自信的客体而言，我们要自信的文化都是中国人民在社会生活中，通过实践创造出来的中国特色社会主义文化，它包括中华优秀传统文化、红色文化以及在社会主义建设中形成的中国特色社会主义先进文化，即便是指导我们文化建设的马克思主义，也是经过"中国化"的马克思主义。所以文化自信的客体具有中国风格，蕴含中国传统文化精髓，反映了中国人民精神面貌的中国文化。此外，从主客体互动的角度来看，文化自信需要不忘本来，吸收外来，面向外来，其中"本来"指的是中国优秀传统文化，"外来"的吸收是在以我为主、为我所用的基础上，"未来"也是坚持社会主义文化发展方向。因此文化自信具有强烈的民族性。

从文化自信的指向性而言，马克思认为文化由人创造，为人特有。起初创造文化的目的就是为人服务，为了改造世界、改造自身。从起源来看，文化就具有指向性，一方面是满足物质生产生活需要，另一方面是为了满足精神需求。人通过客观存在的文化作用于主体，不断将客观存在的文化转变为主体的能力、素养。正是在这个意义上，才有人会说文化自信本质上是"文化主体在历史与现实的权衡中、在本民族与其他民族的比照中形成的对于本民族文化及其价值深度认同的文化立场、积极的文化心理和富于包容的文化选择的总和"。

文化自信具有时代性，"所谓文化自信，就是一种对自身文化所拥有的价值的信心——是处在两种以上文化相互作用，相互交流、竞争的环境中，面对其他文化而形成的一种意识状态"。所以，文化自信必然是民族文化与外来文化冲突碰撞中才会提出的，比如五四时期，西学涌入国门，中华文化备受侵蚀，所以才会有学者去大声疾呼文化自信。那么当下我们提出文化自信，主要因为世界范围内，全球化趋势势不可挡，文化全球化、文化多样化的趋势越发明显，各国思想文化之间的交流、碰撞、冲突日益显著。甚至不少西方国家借助"全球化"外衣，大肆对外输出意识形态，进行文化渗透，已经严重威胁到发展中国家的文化安全。从国内建设来看，目前我们正处于两个一百年的历史交汇期、中华民族伟大复兴的关键期，而文化综合国力竞争的关键因素，对国家的发展具有方向性、引领性的作用，中华民族文化复兴目标的实现，必须有文化中国梦做支撑。

文化自信具有可塑性，从文化自信的主体而言，不论是国家、民族、政党还是个人，文化自信的建构与确立都不是一朝一夕的，自信也不是谁天生就具备的，都是不断学习、积累，并与异域文化相对比的过程中确立的，同时从文化自信的外在因素来看，国家的经济实力的提升以及民族历史文化的底蕴积累，都是文化自信提升的关键因素。从文化自信的客体来看，中国特色社会主义先进文化不是静止的，而是动态的。即便是几千年传承下来的中华优秀传统文化，在当代依旧可以对其进行创造性转化、创新性发展，而社会主义先进文化更是随着实践的发展不断丰富完善，因此文化自信具有可塑性。

四、文化自信的理论依据

从党的十八大开始，文化自信的理念越来越受到重视，屡屡成为政治议题。当代大学生是国家建设的排头兵，其面貌决定国家前行的势头，故而凸显出提高大学生文化自信工作的重要性。我国传统文化的底蕴、红色文化的传承和社会主义先进文化的革新是大学生文化自信培育的重要理论依据。下面就从这三方面展开论述，以期对大学生文化自信有更深入的了解。

（一）文化自信的历史根基

中华优秀传统文化孕育了当代的文化自信，是文化自信的历史根基，五千年的历史铸就了当代文化的坚实基础。中华民族文化有着悠久的历史，其中积累了中华儿女对精神文化的高层次向往，是中华民族所具有的特殊文化认知，促使中华民族不断成长和发展。如果要构建起文化自信，首先要做的是以我国的优秀传统文化为出发点。

文化自信是在我国的优秀传统文化里产生出来的，是在中华民族上下五千年的文明涵养下形成的。从其内容上来看，优秀的传统文化就是一种文化自信。我国的传统文化把儒家和道家思想作为文化中心。传统文化关注对"仁德"的养成，有仁德的人才能管理国家，古人认为"己欲立而立人，己欲达而达人"是达成"仁"的基本要求。这句话的含义在于实现目标之前应当将完善自身品行作为准则。有德之人重视"立德、立功、立业"三大目标的实现，所以"仁德"在中国的扎根和发展为中华民族留下了较多高品质的美德文化。

因此，我们应该借鉴优秀传统文化，进而强化我国文化的基础力量。站在传统文化生命力的角度会发现，中国虽然经历了不少坎坷，但其文化的发展并未受到影响。从这可以看出，我国优秀传统文化的生命力相比于其他国家而言属于较高水平。从建设文化强国目标出发，文化力量的壮大有利于国家实力和竞争力的提高。若想把我国建成文化强国，应当将提高文化软实力作为基础。

此外，文化软实力的形成和壮大是建立在中国优秀传统文化基础之上的。文化自信也是建立在中国优秀传统文化基础上的。

（二）文化自信的现实基础

1. 中国红色文化

中国特色社会主义红色文化是在中国共产党和广大人民群众共同努力之下产生的独特文化。红色文化立足于中华优秀传统文化，并在此基础上进行了创新和发展，其中阐释的革命精神以及文化内涵丰富而深刻。毫无疑问，中国特色社会主义红色文化是无产阶级所拥有的珍贵精神资源，包括延安精神、长征精神等。中国特色社会主义红色文化的价值核心便是由这些珍贵的精神所构建而成，坚持党的领导，为了挽救民族危机，广大的中国人民群众敢于反抗旧势力、恶势力，向着民族复兴和人民解放的目标不断努力。在抗日战争时期，中国人民没有屈服于苦难的生活，反而迎难直上，英勇抗战，凭借着顽强拼搏的精神，谱写了壮丽的斗争史歌。中国特色社会主义红色文化也是中国人民不畏难、不愿屈服恶势力的底气支撑。在新时代，建立文化自信，我们应当坚持党的领导，继承弘扬我国红色文化孕育的精神。

2. 社会主义先进文化

建立新时代文化自信，传统文化是根基，红色文化是动力，社会主义先进文化则是导向。在党的十八大报告当中明确记录着：坚持以社会主义先进文化为导向，建立起高水平文化自觉以及文化自信，同时努力往建成社会主义文化强国的方向推进。首先要文化自信才能文化强国。

我国在进行社会主义文化建设中取得了很多成果，其中，我国的文化教育事业成果丰富，文化经济和文化产业也得到相应的发展，文化交流越来越频繁，人民群众对于不同类型的文化所持有的态度逐渐放宽。尽管我国的文化建设取得了一些成就，但是我国的文化安全依旧有着潜在的隐患。因此，我们应该坚持发展、创新，不断强化中华民族文化的软实力，从而抵御国外腐朽文化对国内文化的负面影响。

(三) 文化自信的理论基础

1. 马克思、恩格斯关于文化的相关论述

马克思、恩格斯的思想并没有直接阐述文化思想的内容，但是并不表示缺乏关于这一方面的内容。

第一，马克思、恩格斯关于文化思想的相关论述阐明了文化同政治、经济之间的辩证关系。马克思提道："产生于人们现实生产生活中的，不受人们意愿操控的客观关系，也就是和人们现实物质生产力状况相匹配的生产关系，共同支撑了社会的经济结构的构建和维系，也就是说，社会上层建筑和意识形态形成与发展，必然要有一定的现实根基与之相匹配。物质生活生产方式对社会政治和精神生活产生了决定性影响。"虽然马克思没有明确阐述文化和文化自信的内涵，但是他的思想已经传达出精神生活和社会意识形态会充分体现出一个民族的文化内涵。

第二，科学定位了文化发展的历史性和时代性。不可否认的是，任何一个时代背景都会催生出一个时期的文化。因此，我们要研究文化的前提，就要着重考虑当前的社会现状和时代背景，明确我们现阶段处于何种历史时期、有何历史使命。只有文化与时俱进，社会经济才会前进，政治才会逐步完善，社会发展才会产生良性向前的动力。

2. 列宁关于文化的相关论述

列宁关于文化的相关论述主要有文化建设思想、文化领导力建设思想和文化融合理论。在文化建设思想方面，列宁强调在进行文化教育事业的改革过程中，以马克思主义为指导向社会主义无产阶级目标迈进，并指出，只有这样才能真正发展无产阶级文化。在文化领导力建设思想方面，列宁指出，应当将无产阶级作为社会主义文化教育事业发展的主要领导，无产阶级文化的发展必须由无产阶级领导和参与才可以实现。列宁认为，进行文化领导力建设是社会主义文化建设当中最为关键的工作。在沙皇俄国时期，当时的资产阶级提出了"统一民族文化"的口号，列宁根据这个口号提出了他的著名主张，这个主张强调"一中有二"的观点，即"每一个现代民族中，都有两个民族。每一种民族文化中，都有两种民族文化"。

对于这个主张要指出的是，"资产阶级社会中无差别、整体的、代表全民利益的民族文化是根本不存在的。而无产阶级却与资产阶级截然不同，共产党人始终是为了劳动人民以及国家服务的，共产党人从来都不会掩盖自己的阶级立场"。

同时，列宁还提议以包容的态度对待资产阶级文化，并做出合理的学习与摒弃。马克思主义表明无产阶级文化不是由人随意编纂的，而是具有一定的文化渊源，是从资产阶级文化中提取出来的精华并根据无产阶级的特征发展形成的。我们应取其精华、去其糟粕，对其优秀、有价值的文化进行吸收学习，不断转化为自己的内容。此外，它为我们继承优秀的传统文化，合理吸收和借鉴外国文化提供了指导。

五、文化自信的重要性分析

当下中国的文化主体是中国共产党领导的全国各族人民，文化自信在凝心聚力方面的地位不可撼动，党中央提出的文化自信面对的也正是中华民族的全体成员。

（一）文化自信在四个自信中的基础性地位

文化自信之所以重要，是因为与道路自信、理论自信和制度自信相比，它更容易被民众接受，更容易在不知不觉中内化于民众的心，从而发展为一种具有稳固影响力的自觉行为。

在四个自信中，文化自信是基础，为其他三个自信提供了坚实的保障。综合国力的竞争说到底在于文化的竞争，中国的道路自信根植于中国的文化，理论自信起源于中国的文化，制度自信也不能脱离中国的文化来谈。因此，文化自信在四个自信中是精神支撑，文化上自信不起来，道路、理论和制度自信也很难建立起来。

文化自信比其他三个自信更具有广泛性。中华文化经久不衰，为世界文化的发展做出了突出的贡献，影响范围比较大。同时，中华文化具有普适性，其中还涉及了政治、经济、自然、科学、艺术等方面的内容，其所蕴含的哲学道理对探索人类社会发展规律和社会主义发展规律也有着启发作用。

文化自信在四个自信中更具有深厚性，这是由文化更贴近群众生活的特性所决定的。文化对群众的行为、思想和价值判断的影响是稳固的。在日常生活中，优秀的文化循序渐进地让群众铭记在心，这种形式更容易让群众形成长久的认同感，从而有利于增强文化自信。

（二）文化自信是推动各项事业发展的根本保障

距离伟大复兴中国梦的提出已经过去多年，在党的带领下中国完成了全面小康社会的建设，这些成就的取得都离不开文化自信的支撑。

中华民族的复兴是中华民族优秀文化的复兴，是中国特色社会主义文化的崛起。鸦片战争以后，我们民族饱受磨难，但总有一股力量激励着中华儿女迎难而上、奋勇拼搏，与命运做斗争，这股力量源于全国各族人民骨子里的文化自信。大家坚定地认为国家会独立、民族会富强，所以齐心协力朝着同一个目标努力，文化自信早已化作民族禀赋，涵养出中华民族的爱国精神。如今，各项事业的建设已进入攻坚期和深水区，所面临的新问题、新挑战层出不穷，若是没有坚定的文化自信，很难用大格局应对大变局，用大气魄迎接大挑战，并取得最终的胜利。

在新时代，文化自信是中国赢得国际话语权的助推器，因此，必须进行文化建设，增强文化软实力，让优秀文化为伟大中国梦的实现保驾护航。

第三节　中华传统文化的基本特征

一、伦理特征：重人伦道德

"中国优秀传统文化是一种伦理型文化。"我们和其他人相处时的礼仪、行为标准就是"伦理"。中国传统文化中的思维特点以及在研究种种关系中形成的道德准则都体现了其伦理型特征。首先，在家庭中，有夫妇、父子等关系，从而相应地形成了夫敬妇从、父慈子孝的道德规范。其次，这种家庭关系会被引申为更大范围的社会关系，在这个更大的关系网中，就包含着国家和社会。这就将原本只在家庭范围使用的礼仪规范扩展开，成为处理社会关系的准则，加强了个人与社会中其他人的情感。因而，在中国人的处事观念中，就有了"天下如一家，中国如一人"的说法。

事实上，中华优秀传统文化也没有局限在普通的伦理关系上，它超越了普通的伦理关系，讲究人与其生活环境应保持融洽关系。如宋代理学家张载所说："民，吾同胞；物，吾与也。"其内涵就是要以仁慈之心对待包括自然在内的一切人和物。中华优秀传统文化主要就是从家庭、社会、自然的相互关系中进行展开，最终达到"天人合一"的最高和谐状态。

二、功用特征：讲经世致用

"重实用"的思维方式、对人的教化以及对君子人格的追求都反映出中华优秀传统文化经世致用的功能取向。经世致用即指管理国家事务，关心社会所面临的危机，切合实用，尤其表现为对政治的关怀。在春秋战国社会变革的大环境下，各家都积极思考社会问题，进而提出自己的治国之道。儒家以"仁"为核心，以"礼"为用，致力于形成一个尊卑有序的和谐社会。法家主张以法术势相结合的方式治理国家。道家主张天地人三者之间实现和谐。墨家作为下层劳动人民的代表，提出了尚同、尚贤、兼爱、非攻等政治主张。从表面上看，四家学说各不相同，但本质上都是对现实社会问题的回答、对国家如何走向统一的回答。也就是说从先秦哲学开始，就已经奠定了中国文化经世致用的基调。汉代董仲舒所提出的"三统论"也是为政权合法性提供理论支持，魏晋玄学看似幽深玄远，但也是为三纲五常、尊卑有序寻找天道的依据，宋明理学更是从本体论的层次规范社会秩序。因而说中华优秀传统文化关注的都是现实社会问题，尤其与政治关系密切。

三、价值特征：求贵和尚中

虽然中国传统哲学理念、人文精神、道德理念的主要内容有所区别，但它们追求的最高价值目标是一致的，即贵和尚中的价值理念。贵和尚中既是一种精神境界，也是一种生存方式，还是一种哲学方法论。其中"致中和"是途径，而"和谐"是最高的价值目标。"和"文化体现了一种具有中国特色的辩证思维方法，它强调在事物的对立中，以持中的方法避免"过"与"不及"两种极端，进而达到"天人合一""阴阳有序"的万物和谐并生的理想状态。在自身的身心关系上，中华优秀传统文化强调加强自身的道德修养，在义与利冲突时，克制欲望，平衡二者达到中和，实现身心的和谐。只有个人身心和谐、知行合一，才有可能谈齐家治国平天下的问题。在人我关系上，以儒家为代表的中华优秀传统文化讲严以律己、宽以待人，以仁爱之心对待他人，主张各安生理、各司其职，致力于实现"人和"，进而实现社会、家国的和谐。在天人关系上，虽然也有服从自然和征服自然的观点存在，但以"天人协调说"为主导。"天人协调说"认为人是自然界的产物，是大自然的一部分，同时人也应在遵循自然规律上充分发挥自己的能动性，去调整、引导自然，最终实现自然万物的和谐发展。不管是哲学观点、人文精神还是道德理念，都指向一个目标，就是"和谐"，因而"贵和持中"是中华优秀传统文化的最高价值体现。

第四节　中华传统文化的基本精神

关于中华传统文化的基本精神，学界仁者见仁，智者见智。所谓"精神"，就是精髓，就是根本。钱穆先生认为，中华传统文化的精神主要是由儒家文化奠定和陶冶的。儒家文化也是中华传统文化的主流。还有学者认为："中华传统文化精神，就是那些贯穿中国传统文化始终、被历代中国人普遍认可，并且在中国当代建设社会主义核心价值观中仍然发挥重要作用的文化基因。"尽管如此，在中国历史上起过重大作用的思想体系不仅有儒家，而且还有道家。道家则更重视"自然"。

一、自强不息的精神

中华民族的昨天，可以说是"雄关漫道真如铁"；中华民族的今天，正可谓"人间正道是沧桑"；中华民族的明天，可以说是"长风破浪会有时"。在国家命途多舛、民族生死存亡的关头，正是由于中华民族刚健有为的精神，凝聚了民族的意志，形成了团结一致的向心力，哺育了中华民族的自立精神；在改革时期，以不断学习、积极进取的精神建设中国特色社会主义，谱写了新时期不断走向繁荣昌盛的动人乐章，也充分展示了中华民族自强不息的精神。

自强不息的精神，被许多人看作中华传统文化的精华之一。世界上任何一个民族在反省自身民族的文化精神时，都会看到自身民族自强不息、努力奋斗的一面。中华民族的"自强不息"与其他民族有所不同，中华民族的"自强不息"还有另一半不言自明的内容，那就是"厚德载物"。这也就是说君子以天为法，"自强不息"，地势是顺着天的，君子效法地，用厚德化育人物。正如讲"阳"必有"阴"相对应一样。"天行健，君子以自强不息；地势坤，君子以厚德载物"，二者结合，共同建构了中华民族特有的主体精神。自近代以来，中国人民凭借艰苦卓绝的奋斗，走出了一条正确的道路。这条道路一头连着历史，一头连着未来，具有深厚的历史渊源。如果没有既忍辱负重又奋发进取的自强不息精神，我们是不可能取得当今的成就的。因此，中国道路的成功，离不开中华文化所涵养的自强不息的民族精神的支撑。

二、勇于创新的精神

创新是民族精神的一部分，是在不同历史阶段形成的、贯穿于民族延续发展的历史进程的基本精神。创新是一个民族进步的灵魂，是一个国家兴旺发达的不竭源泉，也是中华民族最深沉的民族禀赋。

中华民族自古秉持创新精神，《大学》讲"苟日新，日日新，又日新"，《尚书·盘铭》讲"作新民"，《诗经》讲"周虽旧邦，其命维新"。在传统文化里，关于创新的论述有很多，一部《易经》可以说是研究变易及其规律的著作，从变易中掌握不变的道理，以不变的道理来掌控变易的世界。变易本身不一定是创新，但通过掌握规律，主动推动事物按照人的预期目的变易就是创新。在古代的儒家学说中，整个宇宙就是一个生生不已、大化流行的世界，人就是通过创新活动来参与大化流行。所以，创新就是与大化流行相匹配的人的主体性的展现。中国传统文化所强调的创新精神具有独特的风貌。

创新不是笼统地讲变易，不是一味地强调以旧换新，而是讲变与不变的统一，是在继承的基础上发展。正因为讲求"一阴一阳之谓道"，中华文明才能够一脉相承地发展至今，成为世界上唯一一个没有中断的文明。因此，中华文化中的创新是一种理性创造活动，是在延续传统、观照现实前提下的创新。这种创造精神正是全面深化改革的时代所需要的。

之所以把勇于创新的精神概括为传统文化基本精神之一，是因为当今时代精神的建构需要从传统中吸取这种精神营养。对处于转型期的中国而言，面临着大量的理论与实践问题需要解决。这就需要以大无畏的精神突破旧的思维条框和行为模式，大胆创新、勇于创新，同时，在创新中注意继承和保护各种有益的文化因素。

因此，新时代大力弘扬勇于创新的中国精神，是助力中国梦的应有之义。积极倡导创新精神，从传统文化中汲取关于新的精神资源是文化强国战略的重要组成部分，体现了中国精神与时俱进的科学性，也展示了中华民族生生不息的创造活力。

三、艰苦奋斗的精神

习近平总书记强调："实现中华民族伟大复兴是一项光荣而艰巨的事业，需要一代又一代中国人共同为之努力，空谈误国，实干兴邦。"

中华民族五千多年的发展历史，本身就是一部可歌可泣的奋斗史。近代以来，中华民族从摆脱帝国主义和封建主义的压迫，走上现代化建设道路的历史同样是一部艰难的奋斗史。中华人民共和国成立以来，我们进行社会主义探索，推进改革开放，实现从封闭到开放、从贫穷落后到繁荣富强的转变，同样经历了艰难困苦的过程。中国共产党领导人民开辟出一条正确的道路，中国道路成功的背后，离不开艰苦奋斗精神的支撑。展望未来，实现中华民族伟大复兴中国梦，把我国建成富强民主文明和谐美丽的社会主义现代化强国，同样需要付出艰苦的努力，同样需要从传统文化中吸取不竭的精神营养。

第五节　中西方文化的碰撞与融合

一、中西方文化的碰撞

（一）隐私方面

中国人具有比较强的集体主义观念，讲求在集体中发挥作用，与集体中的成员保持团结。因此，中国人往往更加愿意了解他人的经历，关心他人，也希望别人能够坦诚相告。

西方社会强调个人主义，个人价值，对于个人隐私问题较为敏感，希望能够有个人空间，不希望别人过多地干预个人事务。在隐私观念上的差异导致中西双方在交流的过程中容易发生误解或冲突。比如中国人在与他人交往的过程中，大多会询问对方的家庭情况、年龄甚至收入，在国人观念中这是一种司空见惯的社交模式，但是在西方人的观念中这些问题实际上已经侵犯了他们的隐私。

（二）餐桌礼仪方面

中华民族自古好客，形成了具有中国文化特色的餐桌礼仪，并衍生出了酒文化，在宴席中中国人常常会相互敬酒，以示尊重和礼仪。在敬酒的过程中，晚辈还会特意压低酒杯显示谦逊，即使宴席满是佳肴，主人也会说出"多多包涵"等客套话，主人为了表示热情会往客人的碗里夹菜，并劝对方多吃菜、多喝酒。但是，在西方餐桌礼仪中会更加注重维护客人的主动权，餐桌上的一切行为凭客人意愿，很少会出现劝酒的行为。这就导致在中国人为主人的宴请中，西方人感到，没有得到尊重；在西方人为主人的宴请中，中国人感到没有受到重视，主人不热情。

(三) 时间观念方面

西方文明建立在商业社会的基础上，西方人的时间观往往与金钱挂钩，在做事时会考虑到时间成本以及收益，因此他们大都比较重视对时间的规划，在规划的时间内一定要完成某项任务，对于遵守时间约定看得比较重。此外，在西方社会中，要拜访某人一定要事先告知，说明拜访的目的以及时间地点，先约定好才可以见面谈事。中国人往往具有多向时间习惯，在时间的利用上具有很大的灵活性，一切从实际情况出发安排时间，因此不会向西方人那样严格地按照计划进行。

(四) 社交用语方面

中国人讲究谦逊，在与他人交往时往往会"卑己尊人"，这能够为双方的交往打下良好的基础，同时也是一种美德，体现了中国文化底蕴以及中国人的君子礼仪。

当受到别人的赞美时，中国人的第一反应是自贬，表示谦虚；西方的社交文化则比较直接，并没有中国谦逊的社交文化，因此西方人在受到赞美时，会大方地说一声"Thank you"表示接受。这就导致中国人在与西方人交往时，会认为西方人过于自信甚至自大，没有谦虚的品德，而西方人也无法理解中国人含蓄的表达方式，无法理解不同语境下中国人所表达的含义。

二、中西方文化的融合

(一) 中西方文化相遇交流频繁

21世纪初，我国加入了有"经济联合国"之称的WTO（世界贸易组织），在经济全球化发展过程中，我国的参与度和参与范围都得到了增强。经济交往加强的同时必将促进文化产业的发展和文化交流的频繁，这是一种趋势。在频繁交流的文化中，跨文化的接触也是越来越频繁。中西方国家与民族的文化背景、生活方式都显现出巨大的差异。语言作为跨文化交际的媒介，具有深刻的文化内涵。

通过对中西方文化中文学作品的分析与深入解读，可以从中了解中西方文化的差异所在，可以有效地减少跨文化交际的障碍，从而达到交流的顺畅、加快中西方文化的融合与发展。在冲突与融合中，信息传播起到了重要作用。诚信原则是在文化交流中必须坚持的原则，这一点和商品交换一样。我们应该抓住机遇，克服以往传播中的缺点和不足，在宣传时，做到全面而真实，让世界更好地了解中国；同时，也要把世界全面真实地介绍给中国人民，让中国人民能更好地了解世界。

（二）中西方文化借鉴融合迅速

在中西方文化融合的过程中，各种不同的文化因素之间也在不断地相互渗透、结合，最终融为新的整体。

首先，人与自然的相互联系，在处理人与自然之间的关系时，中国传统文化充分地肯定了人和自然之间的人文精神，强调人与自然的统一，包含着自然理性和道德理性的协调，体现着中国古代思想家对于主体和客体、主观和客观的全方位的思考。它具有重大的理论价值和实践意义。然而，自然对于中国的传统文化来说是个审美对象，人们对于自然的认识不足，不会改造自然环境，没有科学探究精神。在西方文化中，则把自然看作生存环境的需要，人们不断开发生存需要的资源，对知识的不断探索促使科学最大化发展。但我们要看到，在科技发展过程中，由于过度地要求征服自然，人类不受控制地使用自然资源、过度开发污染了人类生存的环境、资源的过度使用打破了生态平衡，给人类社会带来了不良影响，甚至灾难性危害。

今天，我们在关注发展经济的同时，应坚持以自然为前提，在顺应和尊重自然规律前提下合理使用自然资源，让人类和其他生物共同存在于同一蓝天下。同样，我们在学习西方文化的科学理性的精神时，要避免现代工业文化带来的诸多问题。中国文化发展势必要求我们结合中西方文化的优势，把中国传统文化中与自然相处时的贵和尚中思想与西方文化中的科学探求精神相结合，在顺应自然规律的前提下开放自然，为人类发展寻求新的文化精神。

其次，在人与人相处的过程中，在中国传统文化中，家族整体得到重视，注重团体利益，强调个人在家族集体中的义务和责任。进一步思考，这种思想就是通过"人道亲亲"来完成对祖先的尊崇以及对家族凝聚力的加强，从而达到整个社会的稳定和有序，提高全社会的凝聚力和向心力。同时，这样的思维模式强调团体队伍的紧密合作，把个人的集体观念增强，形成了强烈的道德感和责任意识，从这一点看，对全人类的共同生存与和平发展具有很好的现实意义。

最后，在社会和环境的责任方面，在关怀人类命运和每一个人自觉承担起责任方面，中国文化中的忧患意识与西方的宗法精神是非常相似的。忧患意识是指摆脱了对命运、宗教信仰的基础上的人文精神。这种精神的产生、发展和强化是一个漫长的过程。这种精神开始于痛苦，然后超越苦难，并最终实现无忧与无惧，进而达到忘我的真善美的境界，这是孔子、孟子终其一生的人生经验，也是儒家哲学特点和魅力的集合体现。儒家的基本立场是个人在社会中不断完善自己，并且有不断提高自己的责任。道家思想看到人们的生活和社会秩序的混乱，其认为人民痛苦思想的根源是统治阶级的罪恶而导致的，因此，道家试图建立超越社会的规则，追求个人的自由和独立。忧患意识是中国文化众多精神中的一个成员，在悠久的历史长河里连续地发展，没有断裂，奠定了中华民族复兴本民族文化的思想根基。

在世界进入经济全球化的发展状态下，科学和技术突飞猛进，物质财富急剧增多，但这并没有使世界更加和平，经济的发展破坏了自然环境，人类面临着巨大的威胁。在这样的现实情况下，我们对于忧患意识应持肯定态度，要勇于承担我们现下的使命，关注全人类的共同命运。

第二章　中华优秀传统文化的传承与发展

中华优秀传统文化是我们民族的精髓。把中华优秀传统文化加以发扬与传承，对坚定文化自信以及提升国家文化软实力具有深远意义。本章分为中华优秀传统文化的源头分析、中华优秀传统文化的资源开发、中华优秀传统文化的传承与延伸、中华优秀传统文化的创新与发展四部分，主要包括中华优秀传统文化的孕育环境、中华优秀传统文化的源起、中华优秀传统文化资源开发的背景、中华优秀传统文化资源开发的类型、中华优秀传统文化传承与延伸的基本依据等内容。

第一节　中华优秀传统文化的源头分析

一、中华优秀传统文化的孕育环境

中华民族、中华文明发源于黄河流域。从黄河流域的上游黄土高原，自西向东，向中下游发展，再向四周辐射；从地域讲，是从陕西到河南，再到山东……在一个相对封闭的地理环境里，形成了我国以农耕经济为主，农、牧、渔业并举的经济格局。其中，内陆性干旱气候和以农耕经济为主的农业结构使得大型水利设施的兴建至关重要，而大型水利设施的兴建非一家一户所能承担，须有一种超越农户、乡村的权威机构来组织人力、物力并管理水资源，由此形成了大一统的社会，使得民族凝聚力、向心力较强，文化的整合作用、同化能力也较强。

二、中华优秀传统文化的源起

远古时期，当华夏部族进入黄河流域时，我国在生产技术方面正处于新石器时代晚期，在技术水平相对较低的情况下要完成诸如治水之类较大型公共工程的项目，必须依赖于具有高度集体组织性的原始"简单协作"，而这种协作自然要诉诸"蒙昧集体主义"，从而使当时存在的"氏族血缘集体关系"得到特殊强化。这种与原始集体主义联系起来的"简单协作"必然产生对某种强有力协调者的管理功能需求，这种功能需求又与氏族领袖的自然血缘权威结合起来，从而使血缘族长的某种"人间权力"得到特殊强化。

特殊强化的"氏族血缘集体关系"与特殊强化的"血缘族长人间权力"（基于功能基础的权力）虽源于治水等类似目的，但此等特殊的人与人之间的关系（或称权力）一旦形成，就具有自身发展的相对自主性，从而也就构成了中国所谓"文化原型"的基本规范和特征。

极具中国"文化原型"特征的"氏族关系（血缘）保留""血缘长老结构""人教（拜人教）意识形态"，在本质层次上存在如下关系：后者以前两者为根源，但"人教（拜人教）意识形态"一旦形成就会具有自身自主发展及影响前两者的相对自由性，并与前两者互相渗透共同构成中国文化的本体。

与中国特定的自然地理环境相联系而发展起来的农耕文化，加之以"氏族关系（血缘）保留""血缘长老结构""人教（拜人教）意识形态"为特征的宗法制的中国文化本体，在史前时代及夏、商、周三代的出现并不断完善，标志着我国传统文化已初具雏形。

第二节　中华优秀传统文化的资源开发

一、中华优秀传统文化资源开发的背景

中国在全球化愈演愈烈的竞争中已站稳脚跟，"中国声音"也被世界上很多国家所认可接纳。但不得不承认的是，在与世界多元文化的激烈角逐中，中国在文化领域的建设仍面临不少挑战。因此，迫切需要重视中华优秀传统文化资源的开发，使得中华优秀传统文化走进人心，让中华优秀传统文化在与全球多元文化的撞击中发出更强有力的"中国声音"。

（一）时代需求

进入新时代，中国的发展离不开人才的支撑，尤其是具有家国情怀、致力于

奉献祖国的全方位、高素质人才。这些人才除了具有扎实的专业技能外，正确的价值观、高尚道德情操的培养也不容忽视。中华传统文化有着五千年绵延不断的灿烂历史，为后人留下了不可多得、令人惊叹的宝贵精神财富，这其中就孕育着大量发人深省、启人修善的精神力量。

因此，发掘中华传统文化资源这块宝藏之地，发挥中华传统文化的化人优势，一方面可以促进大量德才兼备人才的培养，另一方面又有利于中华传统文化的传承弘扬，扩大中华传统文化在人群中的影响力、感召力，从而为"文化强国"建设事业提供有力的条件保障。

（二）现实挑战

在文化日益多元化的今天，中华传统文化想要迥然独秀，就必须拥有自己的文化特色。但是，在现实生活中，中华传统文化的传播和发展却遇到诸多问题，如传播渠道单一、呈现形式无趣、大众难以接近等，加之外来文化的不断侵蚀与渗透，这些都成为中华传统文化发展必须解决的现实问题。

1. 西方文化在本国的逐步渗透

伴随不断扩大的经济全球化态势，其他领域的全球化互通融合也变得愈发普遍。文化领域作为在意识、思想层面发挥渗透、熏陶、感染作用的一种无形力量，成为各个国家发展的着眼点。某些西方国家更是凭借自身在经济实力上的显著优势，绞尽脑汁通过各种渠道输送所谓"优越至上"的西方意识形态，使得缺少是非辨别能力的青少年很容易产生错误的价值取向，盲目崇拜西方价值观。

2. 传统文化的育人功能被忽视

为了贯彻执行"立德树人"这一根本任务，各大高校纷纷采取各种举措，重点加强对大学生进行思想政治教育，但在教育的过程中，往往忽视融入文化元素、发挥中华传统文化的育人功能，取得的教育效果不甚理想。尽管我们在小学与中学阶段开设了一些关于传统文化的课程，但有些仅仅停留在理论层面的宣传，大学阶段更是缺少专业性的系统教育，这使得我国的青少年缺少对中华传统文化认可的内驱力。

3. 青少年缺少对传统文化的自觉保护意识

由于一些人对传统文化的认识不深，往往仅停留在听说或了解的层面上，加之西方文化的强有力渗透，中华传统文化备受冷落，影响力遭遇巨大冲击。虽然近些年国家在制度层面加强了对本国传统节日的宣传，但一些人内心里依然缺乏对中华传统文化的自觉保护意识。因此，增强人们对中华传统文化的自觉保护意识，在全国范围内形成传承弘扬中华传统文化的浓厚氛围是我们现阶段责无旁贷的重任。

二、中华优秀传统文化资源开发的类型

（一）古代传统文化资源

古代传统文化资源是相对于现代资源来说的，它一方面让我们明白了这类资源的年代久远，另一方面也让我们明白了它的弥足珍贵。从存在形式上，我们可以将古代传统文化资源简单划分为有形的自然资源和无形的精神资源。

1. 有形的自然资源

中国有着辽阔的疆域，经历五千多年风雨洗礼的祖国大好河山足以激发人们的自豪与热爱之情，如遗址遗迹、历史文物、古代建筑群等都是我们不可多得的宝贵资源。但与此同时，这类资源本身稀有且易失。稀有体现在这些资源经过上千年历史的积淀，留存下来的数量变得越来越少；易失体现在经历自然的风雨侵蚀或人为的肆意破坏，这些资源正逐步消亡或失传。因此，这些宝贵的自然资源应得到我们的珍视。

2. 无形的精神资源

作为一种精神资源，看似无形，实则对人们的影响潜移默化、更为深远。在博大精深、源远流长的中华传统文化中，出现过很多文化界的盛景，其中儒家、道家、法家等思想不但悄然影响人们的行为习惯、改变人们的生活方式，并最终凝结成中华传统文化的优秀精神，成为推动中华民族不断发展的内在动力。

（二）地方特色文化资源

地方特色文化资源是指人们长期生活在一定区域，长年累月形成具有当地特色的物质存在与精神生活的总和。正是这些有着自身特色又不为外界所干扰的资源，使得中华传统文化更具民族性、多样性，增加了中华传统文化的影响力，其中有形的物质文化资源和无形的精神文化资源组成了我们的地方特色文化资源。前者如本土特色服饰、当地特色建筑、居住环境等，后者如本土特色风俗、节庆礼仪、当地节俗等。这些地方特色文化资源可以天然地将本地区的人们凝聚起来，使人们在内心深处产生一种无法割舍、落叶归根的乡土之情。正是因为存有这种带有地方特色的浓厚乡土情结，人们即使身处异国他乡，依然保有浓浓的爱国思乡之情，这样也将使得中华传统文化在多元文化的竞争中更加富有中国韵味。

（三）红色资源

红色资源指的是中国人民为赢得民族独立解放，在中国共产党领导下无惧无畏、英勇战斗的红色载体及其精神的总和，又称为"红色资源"。红色资源真实记录了我国的革命精神和优良传统，其所具有的教育意义及现实价值不言而喻。

1. 红色精神

作为一种精神力量，如井冈山精神、长征精神、延安精神等，它反映了革命先辈不屈不挠、勇往直前、无畏无惧、不怕牺牲的革命斗争精神。有一句老话"吃水不忘挖井人"，说的是即使我们现在生活在一个衣食无忧、和平文明的现代社会，也应当秉承老一辈革命家身上艰苦朴素、自立自强、勇敢奋斗、百折不挠的革命精神，将"红色精神"代代传承下去。

2. 红色载体

红色载体既包括我们摸得着、看得见的物质载体，如红色革命圣地、革命纪念碑、革命旧址等，也包括我们听得见、能感知的信息载体，如标语、文献、歌曲等。这些历经革命岁月洗涤留下来的红色载体，是先辈们留给我们的宝贵精神财产，并时时激励我们秉承老一辈艰苦卓绝、不屈不挠的革命精神，在当下中国的发展进程中砥砺前行。

第三节　中华优秀传统文化的传承与延伸

一、中华优秀传统文化传承与延伸的基本依据

文化自信不能仅仅停留在对内容、特质的认识之上，更需要不断传承发展传统文化，使其保持蓬勃的生命力。从理论、历史角度看，对于古代思想文化的延续更新符合文化规律、顺应历史趋势、具备现代价值，因而对其传承发展是十分必要的。

（一）理论依据

"文化的发展是变和不变的统一，是传承延续和更新发展的统一。"文化的生命力在于延续更新，延续是基础，更新是目的，二者如文化前行的两个轮子，缺

一不可。文化传承是后人对前人传统文化成果的认同，要想拓展新的道路、获得新的生命，我们后辈就必须善于创新，能够在延续的基础上让祖先的文化成果结出新的果实。因此，文化创新提供了社会前进的动力，只有革除旧的、更换新的，才能让传统文化在新时代焕然一新。

1. 文化的继承性

文化虽然是由生产力和生产关系决定，但彼此间并不是完全复制重合的。这表现为，文化与经济前进的步伐有时不太一致。这是因为文化具有强大的继承性，从而是可以单独存在的，不一定必须紧紧跟随经济发展。一定的文化观念一旦形成，就会或多或少内化在人的心里，外化为民族文化的传统，成为一种不可低估的文化历史惯性。

无论是什么年代的思想文化，都离不开过去的人所创造的观念。人们总是在"直接碰到的、既定的、从过去承继下来的条件下创造"，这是因为我们的生活会受到整个文化环境的影响，总是通过口口相传、书籍文字等形式，从祖先那里学习哲学、艺术、技艺等，在学习的基础上融入自身的思考，从而让传统的东西有新的展现形式。如今的文化环境是未来探究追寻新文化的基础。没有文化的延续，就没有更高层次的飞跃。

2. 文化的创新性

文化不仅包括既定的文化成果，还包括创造文化的动态活动过程，它不是僵死的、凝固的，而是具有活的灵魂的生命体。尽管文化有一定的稳定性和继承性，但也会按照人们在不同时代实践活动的改变而不断进行补充和创新。从内部来看，这种创新是生产力进步和社会发展的结果。正如马克思主义唯物史观所认为的："物质生活的生产方式制约着整个社会生活、政治生活和精神生活的过程。"当社会经济发展方式发生改变、社会历史向前发展时，社会的个体成员会以新的方式面对自己所生活的环境，认为传统很少是完美的，而那些继承并依赖传统的人就会结合自身时代发展的特征以及群众的精神文化需要来补充和完善传统文化，文化传统就会发生转化和创新。但这种转化创新往往会以渐进的方式发生在文化传统各个组成部分的内部。

从外部条件来看，文化创新一是由于文化的沟通交往，二是由于文化的冲突、对撞。文化的沟通交往也分两个方面。一方面指一种文化中不一样的文化之间的来往，即使在同一文化传统中，也会因地域的不同出现区别。不同地域、民族文化的比较交流会影响这种文化的形成发展。如中华优秀传统文化不是汉族一个民族创造的，而是汉族与蒙古族、满族等其他民族进行广泛比较交流而最终形成的。另一方面指不同文化传统之间的交流与比较，也就是国际上不同文化传统之间的交流与比较。不同文化传统之间的交流引起的文化变迁有增添、融合、涵化、综合等几种结果。但对其他文化的吸收借鉴是有选择的，只有适应本地自然与人文环境、能与本民族文化相契合的文化要素，才有可能被选择吸收。

文化的摩擦、矛盾既发生在一种民族文化中，也有可能发生在两种文化之间。这种矛盾冲突会打破旧的文化结构，使文化在吐故纳新的基础上进行新的整合，甚至会在外来冲击下发生文化的突变。一般来说，能够有力打破原有文化结构的往往是代表着先进生产力、符合时代特征的先进文化。但是，面对外来的文化，不能照搬照抄，必须保持本民族文化的主体性，否则就会丧失民族生存的根基。

综上所述，文化具有一定的稳定性和继承性。稳定是其重要特征，但稳定不意味着静止、停滞，否则一种文化对现在和未来的影响便无从产生。文化的稳定性是与可塑性、流动性、创新性的辩证统一。一种文化或在内部动力推动下发生缓慢变化，或在与外部环境的交流冲击下发生突变，但无论是渐变还是突变，文化总是在创造中不断前进，是一个形成传统和不断向新的传统转化的过程。我国古代思想本身就是一种文化，具有文化动态存在、不断创新的特点。因而，其弘扬不仅要继承，还要在实践活动中创新、发展，这样才能不断使其更新，从而永远朝气蓬勃。

（二）历史依据

中华优秀传统文化不是一潭死水、一成不变的，而是在变中也有变动，是变与不变的统一。其变化的一面体现在中华传统文化总能以开放包容、兼收并蓄的特质因时而变、开拓创新。这种创新的特质不仅发生在中国古代，同时也延续至中国近现代乃至中国当代。

1. 中华优秀传统文化的古代发展

我们的祖先十分擅长以史为镜、以古开新。用新的时代内涵重新阐释传统，从而使其高出原本的水平，这是我们祖先向来坚持的。从中国文化发展的历程来看，在中国古代，中华优秀传统文化经历了两次发展的高潮阶段，分别是西周—春秋战国—两汉阶段、隋唐—两宋阶段。文化高潮往往是由文化创新推动形成的，这两个阶段的文化发展是中华优秀传统文化创新的范例。

在西周—春秋战国—两汉阶段，西周在总结殷商灭亡经验的基础上，提出了新的天命观。另外，在礼乐制度上，周公完成了礼乐制度建设，规范了社会行为，建立了道德文化体系，使"德""孝"等重要道德观念出现。春秋战国时期，诸子百家面对严重的社会危机先后提出自己的政治主张。中国历史上文化繁荣的景象甚多，最早就出现在这一时期。这一时期是中华文明的思想摇篮，同时也是人类文明轴心期的杰出代表。两汉时期，两汉政府极力改造先秦儒学，使之成为国家的主流意识形态。最具代表性的是董仲舒融合了阴阳五行家的思想，对于以往的学说进行了变革和发展。在天人观上，董仲舒以阴阳五行为纽带，认为天与人均有阴阳。在道德伦理方面，董仲舒全面、系统地提出"三纲五常"。另外，董仲舒也在人性论上分别对荀子和孟子的思想进行扬弃，认为人有善有恶，要通过德行兼备的方式来维护大一统的局面。虽然董仲舒的理论体系仍存在局限性，但总的来说，他对先秦儒学的改造是成功的，将先秦儒学提高到新的理论层次。

在隋唐—两宋阶段，隋唐文化开放包容，繁荣壮美。在对待佛教文化上，国人运用"格义"的办法将其与中国社会相适应，实现了佛教的本土化转化。在文学艺术上，隋唐文化也高度繁荣，如诗歌、绘画、音乐、舞蹈、雕塑等都得到丰富的发展，产生了大量的诗人和其他艺术家。两宋时期的文化发展代表着中国传统文化达到了成熟，在我国整个文化长河中达到了极致。其中，宋明理学扬弃继承了先秦儒学，在中国哲学史上具有高屋建瓴的作用。之所以这样说，是因为宋明理学相对于先秦、汉唐儒学，更加注重从形而上、本体论的角度去讨论，创造性地超越了原始儒学。从天道观上看，宋明理学形成了系统的宇宙本体论，继而又在此基础上将其理论引入人类社会。这一方面将伦理纲常进行了本体论的升华，成为人们遵循的理论依据，另一方面也弘扬了主体的能动性，以此增强士人对儒学的认同，对于缺少心性讨论的原始儒学是一大补充和发展。除此之外，两宋时期的文学艺术、科学技术也得到了极大的发展。

2. 中华优秀传统文化的近现代转型

鸦片战争之后，中华优秀传统文化在面对西方文化冲击以及中国内部矛盾激化的背景下逐渐解体。解体并不是意味着中华优秀传统文化就此中断，而是走上了现代转型的艰难道路。针对如何进行现代转型的问题，张岱年先生列出了四种类型。其中第四种类型，即"主张发扬民族的主体精神，综合中西文化之长，创造新的中国文化"，这一观点被历史证明是正确的，也只有这一方向能够唤醒古代思想文化的生命力。中国共产党人就是这第四种观点的提出和发展者，他们的努力为复兴我国古代文化指明了道路。

3. 中华优秀传统文化的当代创新

十八大以来，党中央高度重视发掘古代思想文化遗产的价值，提出了一系列关于文化的政策方针，为其在新时代的永续发展指明了方向。

在价值观上，社会主义核心价值观就是创新转化的范例。其中，国家层面的价值目标与传统文化中"家国一统""民为邦本""人文化成"的思想有着契合的地方；社会层面的理想追求就是对中国传统"天人合一"的自然观、"贵和尚中"的思维方式的吸收和发展；个人层面的行为准则在一定程度上借鉴于中国传统观念中"精忠报国""敬业乐群""言而有信""仁者爱人"的道德思想。在生态文明建设上，"生态兴则文明兴，生态衰则文明衰"等一系列生态文明建设理念就是对中国传统"天人合一"思想的继承与发展。在国际交往方面，构建人类命运共同体的重要战略思想就是基于传统文化中"贵和尚中"思想提出的适合新型国际关系交往的中国理念。

综上所述，无论是在古代、近现代还是在当代，中华优秀传统文化始终是"活"的文化。面对时代的变迁，它能够因时而变，适应时代要求；面对民族文化差异，尤其是在印度佛教、西方文化以及马克思主义思想传入之时，它能够以其强大的包容性学习先进之处、完善自身。虽然中间历经论争，也走了许多弯路，但总趋势是始终向前的。历史证明，只有不断接续更新，只有坚持中国共产党人正确科学的传统文化观，才能保持我国古代思想文化蓬勃的生命力。因而，传承发展我国传统的思想文化是必要的，也是符合历史趋势的。在新时代，必须牢牢把握"两创"（创造性转化、创新性发展）方针，实现其"内在超越"。

二、中华优秀传统文化传承与延伸面临的挑战

文化自信与文化自省有着密切联系，谁也离不开谁，是一个过程的两个方面，相互补充。正确认识在文化传承中面临的挑战至关重要，这一点也是坚持文化自信所必须考虑到的。准确分析我国优秀传统文化转化创新中面临的挑战，反省当下存在的问题，有助于有的放矢，增强其转化创新的指向性、可行性。

（一）文化资源的争夺

中国是一个文化资源极为丰富的国家，千百年来对世界文化发展做出了突出贡献，而作为中华文化最为精华的部分，中华优秀传统文化为我国大力发展文化产业提供了坚实的基础。但随着国际竞争的愈演愈烈，世界各国开始将目光聚焦在文化产业上，同时也越来越重视对文化资源的利用，甚至打响了世界范围的文化资源争夺战，这在某种程度上为中华优秀传统文化带来了挑战。

严格来说，世界文化资源是人类共同拥有的精神财富，任何国家都可以对其进行利用，但是个别国家往往在共享世界文化资源的过程中显现出文化霸权主义倾向，对他国的文化资源实施抢占和掠夺。例如，一些文化抢注行为就严重损害了我国的合法权益，造成中国在文化资源维护上的失利，使得相关文化产品的开发与创新受到严重制约，直接阻碍了我国文化产业的发展，同时也使中华优秀传统文化在国际上的形象大打折扣，严重影响了文化认同的实现。

文化资源的争夺现象不仅发生在国家之间，国家内部各地区之间也存在着文化资源利用的矛盾冲突。例如，2016年，湖南、贵州多个县市因夜郎国都邑问题展开了一场争论。类似这样的争论还有很多。各地这种"脸红耳赤"的文化资源争夺，究其原因并不是追求学术上或历史真相上的突破和验证，而是意图将这些资源占为己有，以实现日后更大的增值，这种只重视利益而忽略文化自身建设的观念，对我国文化的健康发展产生了阻碍的作用。

（二）现代化进程的冲击

现代化是人类社会历史发展的必然过程。中华优秀传统文化面临的现代化冲击主要是指在我国高速现代化建设以适应世界发展的过程中，工业化的快速发展极大提升了我国的经济效益，但与此同时在现代化进程中产生的现代价值理念却冲击着人们对于传统道德理念的信仰，使得人们对民族文化产生了自卑感。除此之外，还有现代城镇化建设对文化遗产的破坏以及现代科技带来的负面影响都影响着中华优秀传统文化的传承发展。

1. 城市化进程对文化遗产的破坏

物质文化是精神文化的凝聚和体现，一旦破坏，短时间内是难以修复的，因而是中华民族的珍贵宝藏。中国历来重视考古工作，重视对物质文化遗产的保护。但在大力发展城市化以实现现代化目标的过程中，文化遗产正面临被破坏的危险。这不仅造成历史文化遗产的毁灭和城市特色的消失，同时也波及了中华优秀传统文化传承发展的整体效果。城市化进程对文化遗产的破坏主要有以下两个表现：

一是过度开发，造成文化遗产的永久性毁灭。这里的过度开发是伴随着旅游业的蓬勃发展开始出现的，经常发生在古村落开发中。近年来，农村建设蒸蒸日上，许多村落试图通过发展旅游业来拉动当地的经济增长。不可否认，旅游业的发展确实对农村经济发展起着促进作用，但不合理的开发也会对文化遗产造成负面影响。为了满足旅游者的需求，古村落会招商引资，大量商户的入驻造成古村落商业化气息严重，导致古村落的历史厚重感难以保存。另外，为了追求更多的利益，一些古村落也不限制旅游者的人数，无视古遗址的承受压力，最终导致古遗址遭受更多的人为破坏。过度开发同时也会出现在城市建设中。城市发展，难免会拆迁那些失去使用价值的历史古建筑。但一些城市为改造旧城区和进行房地产开发，完全不考虑对历史建筑进行保护，历史建筑一夜之间被推倒，导致历史文化名城韵味不再，失去了历史的原貌。

二是千篇一律的规划，造成文化遗产失去个性。在我国城市现代化飞速发展的过程中，"孪生"的高楼大厦拔地而起，这虽然反映了我国基础设施建设的成就，但也暴露出我国城市化建设中存在着"千城一面"的问题。这个问题不仅存在于旧城区改造中，也存在于新城建设里。当下的城市建设往往为了追求速度和效率，而忽视对城市历史变迁和历史特色的深入调研，在不了解历史传统的情况下就开始建设。比如将城市中的古建筑一律刷成白色，虽然看上去很整齐，但也让古建筑失去了本身的历史沧桑感和自身的特色。再比如现在的一些仿古建筑，设计方案也是千篇一律，让人难以体会一个城市的历史底蕴。中华文化的精气神凝聚在中国建筑中。中国的建筑不是一座冰冷的房屋，而是具有温度的文化精神的彰显。而现在，全国各地的住宅似乎都是一个样，这不仅让古建筑失去了自身的个性，同时也让中华文化的精气神在现代城市建设中荡然无存。

2. 现代科技发展带来的影响

现代科学技术是社会前进发展的动力，也是国家强大的重要标志。当下新媒体技术的发展，不仅为文化的转化创新以及文化产业的兴盛带来了一定的机遇，同时还为古代传统文化带来了现代科学的思维观念，使得其传播的范围更广、传播的速度更快，能够让更多的人接触传统文化。但另一方面，现代科学技术也存在一定局限性，其快餐式、碎片化的介绍模式也容易对文化的转化创新带来不利影响。

一是现代科学技术碎片化的介绍模式，容易歪曲经典著作的原意。现代科学技术，尤其是当下互联网、新媒体的发展，使传统文化往往以短视频、精美短文的形式呈现。但中华优秀传统文化绵延至今，经历史积淀已形成一个完备的文化体系，并且其文本中的精髓内涵往往采用隐喻、含蓄的方式表达，属于高语境的文化体系，若脱离文本，单独理解其中的一句话就容易曲解其原意。在新媒体这种碎片化的呈现方式下，很容易出现媒体人为追求点击量、吸引大众眼球，以娱乐性为目标改编和曲解中华优秀传统文化的现象。

二是现代科学技术简化的传播形式，冲击了传统的文化传承方式。在电脑、手机、电子邮件等通信技术的冲击下，人们越来越喜欢用打字的方式与人沟通，以至于连常见字都忘记了如何书写,更别说会静下心来学习毛笔字了。事实上,中国古代传承文化的基本方式就是靠书写,一支毛笔不仅是简单的书写工具,其尖、齐、圆、健的特点反映了中国古代文人自强不息、兼容并包的风骨。但如今互联网的出现让毛笔无处所依,更让毛笔蕴含的精神特质被机器掩藏。简化的文化传承方式带给人们的是失去灵魂和温度的文字,使人难以体会中华优秀传统文化的丰富内涵。

(三) 全球化发展的挑战

全球化推动各种文化要素跨越国家和地区界限相互交流碰撞,但这并不意味着真正的文化共存和共享,它的背后也有文化软实力强大的某些西方强国凭借对文化话语权的掌控操纵大众媒体极力向外输出西方价值观念的现象。"总体上处于弱势地位的广大发展中国家,不仅在经济发展上面临严峻挑战,在文化发展上也面临严峻挑战"。外来文化尤其是西方文化的强势发展,动摇了传统文化的生存基础,使传统文化发展处于十分尴尬的境地。

1. 民族文化焦虑感的催生

在文化全球化的浪潮下,中华优秀传统文化获得了更加广阔的传播空间,有更多国家和民族逐渐领略到中华文化特殊的气质。但中华优秀传统文化也遭受着文化霸权主义的进攻,国民对民族文化的安全问题感到担心,对民族文化的前途感到迷茫,文化焦虑感也由此而来。

文化霸权是一种国家间不公平的交往行为,反映了实力强大的国家在文化上对其他国家的压制。这一现象经常发生在西方国家中,它们借文化全球化的趋势,利用影视、教育、语言等形式,向其他国家散播他们的政治主张、文化观念、行为方式,认为只有西方的价值观念才是优秀的、先进的,试图将文化全球化变为文化西方化,其目的是将自己的思想、行动理念以压迫性的形式灌输给弱小的国家。

受文化霸权主义的影响,一些人担心中华传统文化的伦理特性会被西方非伦理型文化所吞噬。如前文所述,我国文化重视人与人之间的关系,讲究社会规范和原则,形成了十分丰富的道德理念,对维护人际友好交往、社会和谐稳定起着重要作用。而西方却正好是非伦理型文化,崇尚科学、理性,虽然有利于自然科学的发展,但由于欠缺对人伦道德的思考,最终导致过度重视工具理性,从而弱化了对人的关怀,带来科技发展和工业化进程中各种异化现象。个人主义、享乐主义、拜金主义等思潮就是这种异化的表现。同时,西方国家又利用自身文化霸权主义的地位，通过影视剧等形式将这些消极文化渗透其中。受西方工具理性思想影响，个别中国人的价值观念也有所改变，甚至在价值观上迷失了方向，不知所措。这些现象无疑增加了国人对民族文化安全问题的焦虑感。

2.民族文化认同感的消解

文化全球化不仅冲击着中华优秀传统文化的特性，同时也威胁着大众对民族文化的认同感。

首先，文化全球化在冲击传统节日中消解着大众的认同感。节日是国家、民族重要而特殊的日子，是国家的标志性文化记忆，体现了整个民族的精神风貌。正是因为有相同的历史、相通的情感，才有了对民族文化、民族身份的认同。民族节日就像一剂强有力的黏合剂，凝聚着世界范围内的中华儿女。但在文化全球化的过程中，西方的节日如圣诞节、情人节、愚人节等如洪水般涌入我国，导致一些年轻人更看重西方这种娱乐性更强的节日，而对于我国传统文化节日缺乏一定的了解和兴趣。这种情况威胁着我国传统民族节日的传承与发展，影响着大众对于民族文化的认同感。

其次，文化全球化在弱化主流意识形态中消解着大众的认同感。坚持正确的意识形态与传承发展我国古代优秀传统文化密不可分。但在文化全球化的过程中，一些西方国家借助先进的媒体技术，以电影、电视等形式大肆宣传西方的意识形态。这不仅会造成人们思想上的杂乱无序，使人们对于民族文化的认同感变得衰弱，同时也会威胁我国意识形态领域的安全和我国的稳定团结。

3.民族文化竞争力仍需提升

文化看似无形却十分有力，国际上许多国家日益重视文化在国家实力中的位置，纷纷将文化摆在国家建设的突出位置，并在全球范围催生了庞大的文化产业，这些文化产业以载体的形式承担起传播各国文化的重要作用。然而，在文化产业的发展中，某些竞争力强的国家会倚仗其庞大的经济能力控制全球产业，在市场上排挤弱国。应该认识到，虽然我国的经济实力已实现了跨越式的提升，但我国文化实力和竞争力尚未达到相应的高度。文化竞争力不足的问题也在制约着我国中华优秀传统文化的国际传播。总的来说，我国文化竞争力不足主要体现在质量和影响力两个方面。

从质量上看，文化创新能力有所欠缺。我国古代卓越的思想文化内容丰富、精妙入神，能够为文化产业、文化产品提供丰厚的历史文化资源。但当下，中国在传统文化产业方面的发展与国际相比还不够强大。美国迪斯尼公司作为全球文化产业巨头，已经形成了集影视制作、主题公园、消费产品和网络媒体为一体的文化产业链条。迪斯尼公司能够取得成功的一条重要原因就在于它坚持不断创新，善于借鉴不同国家的文化。如动画电影《花木兰》就是以我国经典故事"木兰替父从军"为底本，借鉴了中国的传统文化，塑造了在世界范围内更受欢迎的木兰形象。相比之下，目前我国虽然也有取材于中国传统神话故事，带有不少中国文化符号或元素的动画影视，但这些作品却存在着素材选择局限性强、剧情设置老套、特效水平不高等诸多短板，制约着传统文化产业的国际竞争力提升。

从影响力上看，缺少具有国际影响力的文化品牌。虽然我国已有许多文化传媒公司，但依然缺少世界影响力。缺少文化品牌，一方面会难以将中华优秀传统文化中丰富的文化资源转化为具有时代性、创新性的文化产品，另一方面也难以形成畅通的海外市场，将传统文化产品推向世界。我国国漫之所以始终无法走向国际，有在剧情设置、人物塑造过程中忽视借鉴其他民族文化的因素，同时也由于我国尚缺少具有国际影响力的品牌，无法形成强大的文化竞争力，这些因素都在阻滞着中华优秀传统文化在国际上的传播。

（四）文化传播效率不高

文化的繁荣程度与文化传播密切相关，而作为文化传播的主要载体和必要手段，文化传播媒介的发展一直被人们高度重视。随着数字技术的日渐发达，人们迎来了新媒体时代，手机、电脑、数字电视等新兴媒体有着比报刊、广播、电视等传统媒体更快的传播速度和更高的传播时效，文化传播变得更加广泛和快捷，这为中华优秀传统文化的传播也带来了空前的机遇。然而，基于传统文化自身及外部的某些因素，当今时代，中华优秀传统文化的传播也面临着诸多困境。

首先，中华传统文化是带有传承延续属性的文化。因此，有些内容在传播过程中依旧沿用文字传播和人际传播等传统方式，而在新媒体时代，数字化产品充塞着人们的日常生活，电脑和手机的普及使得那些低效的传统传播方式不再被人们所适用，这让过分依赖这些方式的优秀传统文化对于新媒体产生了不适应。虽然人们也通过努力实现了对传统文化的现代化传播，但传播效果却不尽如人意，因为人们更愿意通过新媒体去了解能够娱乐自己或是可以受用的信息，而相比之下，文化的有关内容就显得有些枯燥，不具备充足的吸引力。而且有些文化内容通过新媒体手段并不能实现有效的传承，因此在这方面，人们也更愿意采取言传身教的方式。

其次，对于优秀传统文化的弘扬方式过于单一，依旧沿袭着以说教和灌输为主的传播方式。而且对于传播的内容也缺乏创新和创意，无法实现与公众需求的有效对接，寓教于乐的效果不尽如人意。同时，一些文化管理者对于弘扬优秀传统文化的认识不够，没有上升至实现文化复兴的理论高度，因此影响了对文化宣传工作的态度和力度，这使得在他们眼中，文化只是一种宣传方式，而群众只是接受的对象，这很大程度上降低了社会多元主体参与优秀传统文化传播的积极性，大大降低了文化传播的效率。

三、中华优秀传统文化传承与延伸的基本原则

（一）辩证取舍，古为今用

中华优秀传统文化的延续更新，不是简单的复古，也不是简单的否定，而是坚持以辩证法为指导，采取科学、理性的态度，取其精华、去其糟粕，使中华民族悠久的古代智慧为当代所用。

辩证取舍是讲传承发展的区别原则，是要鉴别传统文化中的精华与糟粕。传统文化内容十分繁杂，既有民族智慧的结晶，也有落后的腐朽思想。即使属于优秀部分的传统文化，也因产生于封建时代，从而具有一定的局限性，与现代文化、现代社会不相符合。如中华传统美德中的孝道，就具有二重性，精粹与腐朽都存在其中。孝敬父母、尊重老人是我们身为子女的义务与原则，对孝的践行有利于促进家庭和社会的和谐。但产生于封建时代的孝道文化往往与"忠君"相联系，成为封建统治者进行思想控制的工具。此外，在传统孝道文化中还有"养儿防老"等一些落后迂腐的观念，明显与现代社会不相适应，都需要加以鉴别和剔除。因此，对于传统文化的鉴别、取舍是一项十分重要的工作，没有辩证取舍，古代优秀传统文化的转化创新便失去了根基。

古为今用，是讲传承发展的实践要求。中华优秀传统文化的丰富理念对于今天具有重要的启示作用。但我们不能幻想将其原封不动地拿来指导当下的实践，必须结合时代发展，将新的时代内涵注入其中。只有结合时代发展，做出新的阐释，才能充分发挥优秀传统文化的价值，指导当下的实践。

（二）博采众长，洋为中用

世界文化的丰富多样必然带来各民族文化之间的交流互动。在文化全球化的背景下，文化交流的深度和广度都明显增强，但文化安全的问题也随即产生，这就要求在传承发展时既要有博采众长的包容胸襟，也要有以我为主、为我所用的

警惕性，防止在不平等的文化交流中丧失文化的主体地位和民族特点。推动我国古代优秀传统文化的更新，需要树立世界眼光，积极学习其他民族先进的文化成果。从文化自信本身的内涵看，文化自信不是过度自信、唯我独尊、搞自我封闭。清朝自诩天朝上国，盲目排外，实行闭关锁国的政策，切断了中华传统文化与世界文化的交流，使我国因没有掌握新的科学理论而落后。这段惨痛历史证明了只注重自身的狭隘地域性发展已经成为过去，只有顺应世界文明的大潮，民族文化才能得到永续发展。隋唐时期，正是在文化上采取开放包容的态度，融入了不同地域优秀的文化成果，才使得中华文化在隋唐时期达到鼎盛。因而，中华优秀传统文化的转化创新也要借鉴国外文化的先进之处，才能更好地激活中华文化的生命力，向世界先进方向发展，促进其现代转型。

另外，吸收外来文化也要保持警惕性，学会善鉴，坚持洋为中用。洋为中用就是要批判地看待外国文化，汲取优秀成果为我所用。这要求在面对外来文化时，要挑选精华，摒弃如拜金、享乐主义等不良的思想观念。在新民主主义革命时期，鲁迅就曾在其文章《拿来主义》中批判了当时主张全盘吸收的右倾错误取向。如果一个民族只接受外来文化，而不肯定自己民族文化的价值，那这个民族也没有存活的希望，会失去未来。因而，必须坚持中华文化的主体性，有选择地拿外来文化的优点来补充中华文化。

（三）坚持以人民为中心的发展理念

文化由人所创，同时文化也在以显性或隐性的方式影响着人，从这一点说，人也是文化的产物。坚持一切为了人民，是马克思主义文化理论的鲜明特色。我们党一直坚持为人民服务的宗旨，将人民的文化需要作为出发点、落脚点。因而，中华优秀传统文化的传承发展必须不断强化大众在文化需求上的收获感、满足感。

首先，要坚持"为人民服务"的宗旨。支持我们生活的物质和精神资源，不是凭空出现的，而是由人类自己在劳动中不断探索从而产生、为人类所用的。从这个意义上说，社会发展前进的齿轮由人类自己转动。无产阶级文化理应把最广大的人民群众视为其服务对象。弘扬中华优秀传统文化是站在民族复兴的伟大战略目标上去说的，新时代文化的传承创新已不再是像封建时期为某种人服务，而是要以人民的利益为重。因而，文化的转化创新要坚持"为人民服务"的宗旨，将中华优秀传统文化融入党和人民事业之中。

其次，要满足人民高品质的精神追求。中华优秀传统文化中的思想观念大多是由生活在中国古代的思想家为了解决当时的社会问题所提出的，是以封建社会形态为背景的。时过境迁，如今的中国已不同往日，社会形态也由封建社会发展为社会主义社会，生活在新时代的中国人必然在精神追求上与古代人有很大的不同。根据新时代社会主要矛盾转化的重大论断，我国社会的主要矛盾已经转化为"人民日益增长的美好生活需要和不平衡不充分的发展之间的矛盾"。主要矛盾的转变说明人民的生活质量有了显著的改善，但随之而来的是人民对于文化产品的数量和质量的要求越来越高。因而中华优秀传统文化的传承发展要注意到人民精神需求的转变，对传统文化的内涵进行时代性的丰富和提升，将传统文化融入更多的行业概念中，不断满足人民多样化的精神文化需求。

最后，要充分发挥其"人文化成"的功能，将优秀的传统文化理念内化为人们遵循的行为准则。古汉语中的"文化"多指"人文化成"，即以社会伦理道德来教育、感染、熏陶人们，让人们能够遵守社会规范，成为有德之人。马克思主义也认为，人们在创造文化的实践过程中也会"使自己二重化"，体现并提升自己的本质能力。也就是说，人创造了文化，同时文化也塑造了人自身。因而，中华优秀传统文化传承发展要重视教育与实践相结合，强化文化的育人作用和塑人功能，使得传统文化不仅是学者研究的对象，更是一种生活智慧，用来指导人们的价值取向和行为方式。

第四节　中华优秀传统文化的创新与发展

一、中华优秀传统文化创新与发展的价值意蕴

新时代背景下，大力发展中华优秀传统文化的重要性不言而喻，这不仅是由中华优秀传统文化的内在属性所赋予的，更是涵养新时代公民道德建设、培育和践行社会主义核心价值观以及助推建成社会主义文化强国的必由之路，其价值意蕴理应受到广泛关注。

（一）涵养新时代公民道德建设

从个人角度而言，推动中华优秀传统文化创新性发展是涵养新时代公民道德建设的有力武器。在诸多因素影响之下，公民道德建设依旧存在一些矛盾，是非不分、唯利是图等现象仍时有发生，从中华优秀传统文化中汲取精华，继承并弘

扬蕴含其中的中华传统美德，有利于满足公民个人的精神文化需求，从而适应新时代背景下公民道德建设的最新要求。

1. 弘扬中华传统美德

"中华传统美德是中华文化的精髓，是道德建设的不竭源泉。"中华传统美德的深刻内涵既体现于仁人志士的伟大壮举之中，也体现于每一个中国人民微小的善举之中。

众所周知，中华传统美德是中华优秀传统文化的精髓，因而推动中华优秀传统文化的创新性发展，在一定程度上便是在推动中华传统美德的传承与弘扬。尽管当前的社会环境下依然存在理想信念缺失、价值取向功利化、社会责任感淡漠等现象，中华传统美德在多元文化的影响下也略显乏力，但是在新时代的背景之下，中华优秀传统文化的创新性发展能够为中华传统美德持续注入活力，让其重新焕发出时代魅力。为此，要充分挖掘中华优秀传统文化中蕴含的丰富道德资源，让中华传统美德在新时代的背景下大放异彩。

2. 满足精神文化需求

自1978年改革开放以来，我国在经济、政治、文化等方面都有了长足的发展，尤其是经济建设方面取得的成就尤为突出，人民群众物质层面的需求已大体得到满足。以衣食住行为例，人们大多已经摒弃了之前的陈旧观念，穿衣理念从防寒保暖转变为时尚好看，饮食习惯从吃饱喝足转变为营养均衡，居住方面从低矮平房转变为砖瓦楼房，出行方面从自行车转变为私家车、飞机高铁的大大普及。这些变化都足以说明人们的物质需求已更上一层楼，随之而来的便是精神文化方面的需求。然而，马克思主义辩证法已揭示事物的发展是前进性与曲折性相统一的结果，伴随经济快速发展而来的产物便是人们对精神文化需求的理解与认知存在不同程度的偏差。一部分民众过于看重精神文化需求的重要性，从而偏离现实，一部分民众则对精神文化需求的价值视而不见，还有一些民众在精神文化方面的需求得不到满足，从而盲目崇拜他国文化。造成此种现象的原因是多方面的，要想改善这一困境，在新时代背景下，努力推动中华优秀传统文化创新性发展不失为一个良策。精神文化需求与人民群众的精神生活质量息息相关，人民群众的精神文化需求日益得到满足，其精神生活质量也会得到相应的提高，从而能够获得足够的精神满足、拥有独立的自我、提高思想道德素质，进而促进人的自由、全面发展。同时，精神文化需求的满足程度也关系到人民群众的人心向背与民心凝聚，积极弘扬主旋律，提高精神文化需求，便能够最大限度地凝聚人民群众的力量。中华优秀传统文化凝结着无数志士仁人的智慧结晶，大力推动其创新

第二章 中华优秀传统文化的传承与发展

性发展自然有利于推动民众精神文化需求的满足。

（二）培育和践行社会主义核心价值观

核心价值观向来是社会建设的重中之重，坚持什么样的核心价值观，是各国都在不断探索的一个重大课题。我国作为一个社会主义现代化国家，坚持和发展社会主义核心价值观自有其历史必然性。中华优秀传统文化之所以能够培育和践行社会主义核心价值观，究其原因，便在于其与社会主义核心价值观的核心思想不谋而合、同根同源，两者都属于社会意识的范畴，都能起到恰如其分的导向与规范作用。社会主义核心价值观以其内容的深刻性，不仅能够直接发挥价值引导作用，也能间接推动中国梦发展进程，而这两者都是中华优秀传统文化在其中起着助推作用。

1. 发挥价值引导作用

众所周知，社会主义核心价值观从国家、社会以及个人三个角度提出了新部署，这些内容的表述从表面上看与中华优秀传统文化没有太大的关联，然而其内核思想却与中华优秀传统文化有着密不可分的联系。就国家层面而言，"富强"可追溯到"富民"思想的提出；"民主"这一概念在"民为邦本""民贵君轻"等民本思想中都有迹可循；"文明"这一概念更是极大地契合了我国礼仪之邦这一定位，儒家思想的产生与发展在"礼"这一方面表现得尤为突出；"非攻""兼爱""尚和合"等内容则为"和谐"思想的提出提供了诸多理论渊源。就社会层面而言，道家思想的"无为而治"强调遵循自然规律的重要性，便隐约有"自由"的影子；"平等"体现在儒家"有教无类"等思想中；"公正"体现在西周时期提出的"天下为公"的思想中；"法治"则早在春秋战国时期的法家思想中多有体现，例如韩非子的"法不阿贵"。就个人层面而言，"爱国"不仅体现在各种传统文化典籍中，更体现于世世代代人们的实际行动中，"位卑未敢忘忧国""路漫漫其修远兮，吾将上下而求索"等诗句跨越千年依然有震撼人心的力量；"业精于勤荒于嬉"则是"敬业"的生动体现；"诚信"作为中华民族的传统美德，在"一言九鼎""一诺千金""立木为信"等多个成语故事中均有体现；"彬彬有礼""谦谦君子""毕恭毕敬"等都可体现"友善"。由此可以看出，坚持中华优秀传统文化创新性发展，可以起到价值引导的作用，与培育社会主义核心价值观并行不悖，可让人们对社会主义核心价值观的理解更为深刻。

2. 推动中国梦发展进程

中国梦这一概念最初是在 2012 年提出来的，这一概念的提出并非凭空产生，而是基于历史与现实等多重维度提出来的。就历史维度而言,从农业文明时期开始,中华民族便始终以独特的智慧为人类文明发展做着突出贡献,中国人民始终勇于接受现实给予的挑战,努力摆脱贫困落后的局面。就现实维度而言,中国梦是立足于中国特色社会主义伟大实践而提出来的。但同时也需清醒地认识到,中国梦的实现是一个长期的过程,是一个前进性与曲折性并存的过程,在当下中国梦的发展依然有诸多阻力。

在新时代背景下,"实现中华民族伟大复兴的中国梦"需要多方的共同努力,其中中华优秀传统文化创新性发展亦是不可忽视的一个重要推动力。其一,对本民族文化的认同是实现国家繁荣富强的重要基础,中华优秀传统文化可为中国梦的发展提供精神支撑,使其扎根于民族文化的土壤中。其二,中国梦的实现需要每一个中华儿女的努力,中华优秀传统文化因其内在特性,可起到凝聚人心、汇聚力量的作用,从而为中国梦的发展提供动力支撑。

(三) 解决当今世界难题

当下,人类生活的环境危机重重,出现了生态破坏、资源枯竭、道德滑坡等社会问题。这些难题不仅存在于工业化高度发展的西方发达国家,同时也存在于处于现代化进程中的发展中国家。在两次世界大战,西方资本主义的固有矛盾逐渐暴露出来之后,学者们开始寻求如何解决现代性危机的方法。一些西方学者对西方文明感到悲观失落,有的开始贬低科学、理性,鼓吹直觉,有的鼓吹回到神学,但另有一些学者将目光转向了东方,特别是中国文化。

虽然中华优秀传统文化的理念不能彻底化解人类所面临的现代性难题,但可以成为一个重要参照,以缓和矛盾的进一步激化。与西方文化所崇尚的"主客对立"的思维模式不同,中华优秀传统文化中的一个重要特征就是追求"贵和尚中",进而达到"天人合一"的境界。

首先,自己身心的矛盾可以从传统的"身心合一"思想中找到缓解之法。中华优秀传统文化强调通过修身来实现身心的和谐。这种看法考虑的是人的精神的自我满足、自我价值的实现,而不是外在的名利和毁誉。面对纷繁复杂的世界,寻找一处属于自己的心灵家园,才能有一个安身立命的根本,以慰藉自己的心灵。

其次,传统文化中"人我合一"的观念可以解决人与人之间的社会矛盾。其关键就是做到孔子所说的"仁",将爱从个体推广至周围人乃至全社会,那么万物也会实现和谐共处。

第二章　中华优秀传统文化的传承与发展

再次，传统文化中"天人合一"的观念也为解决生态破坏问题、协调人与自然关系提供思想借鉴。在工业化高度发展的过程中，环境污染、资源浪费问题已十分突出。西方以"天人二分"哲学为基础的征服自然、战胜自然的观念使人与自然的关系越来越紧张，走上一条人与自然相互抵触的道路。而中国哲学中的"天人协调"说主张"人"是"天"的一部分，二者是相互联系的，认为"人"必须遵循规律，尊重"天"，不然就会引起严重的恶果，遭到环境残酷的责罚。

最后，传统文化中"贵和尚中"的理念也十分重要，可以为协调国与国之间的交往提供新的思路。当今世界，虽然没有发生大规模的战争，但在某些国家间还存在着一些摩擦，霸权主义和强权主义依然存在。与西方征服世界的观念不同，在"贵和尚中"理念的影响下，中国在处理民族关系和国际关系中一直主张"协和万邦"。中国政府积极推动构建人类命运共同体这一理念，这对于促进国与国之间的友好交往、稳定世界发展有着一定的积极意义。

（四）助推建成社会主义文化强国

从国家层面来说，中华优秀传统文化的创新性发展也是文化强国建设进程的重要一环。文化强国战略是我们党根据时代发展趋势所做出的深思熟虑的抉择，需要坚定不移地持续推进。

1. 增强文化软实力

文化软实力与硬实力相对应，软实力这一概念最早是由约瑟夫·奈提出来的。增强文化软实力对于文化强国的建设具有举足轻重的地位。一方面，文化软实力的强弱与一国的综合国力有着密不可分的关系。当今的世界早已不再是简单的硬实力博弈，软实力竞争日益成为各国看重的战略制高点，其中文化软实力的竞争尤为激烈。纵观当今世界的软实力竞争，日本凭借动漫在全世界享有盛名，《蜡笔小新》《海贼王》《樱桃小丸子》等动漫以其鲜明的人物形象成为一代青少年群体的童年回忆；韩国则以韩剧作为文化软实力竞争的重要武器，《太阳的后裔》《来自星星的你》等多部韩剧的风靡，极大地提高了韩国的综合国力；美国的电影同样以炫酷的视觉效果、非凡的内容创新在文化软实力竞争中占据了重要地位。另一方面，文化软实力对于维护国家形象同样大有裨益。良好的国家形象相当于一个国家的名片，于内可维护民族团结，于外可扩大国际影响力。

2. 提高国际话语权

国际话语权所涉及的领域方方面面，提升国际话语权不仅能够更好地维护本国利益，而且能为良好的国际秩序与国际环境构建添砖加瓦，增进世界各国人民对本国的了解与价值认同。纵然我国的经济发展已跃居世界前列，但国际话语权却与经济地位不相符合，这其中的原因是多方面的。一方面是我国的话语传播渠道有限，即便是传播内容优质也较难产生较大的影响力，导致"有理说不出"；另一方面则是一些西方学者所散布的不实言论，其利用在舆论方面的优势挤压中国的国际话语权，导致我们"有理说不清"。中华优秀传统文化以其深厚的文化底蕴为提升国际话语权提供了全新的时代契机。

其一，中华优秀传统文化可为本国国际话语权的构建提供崭新的视角与理念，从而推动构建具有中国特色的话语体系。例如，当下我国所倡议的人类命运共同体理念、"一带一路"等都可从中华优秀传统文化中追根溯源。

其二，中华优秀传统文化能够以润物细无声的方式讲好中国故事。官方的话语固然有其必要性，但是如果缺失鲜活性，不够接地气，不以"本土化"的方式进行传播，那么便很难讲好中国故事、传播好中国声音。中华优秀传统文化历经千年而不衰，其思想与内容同样博大精深，应深入挖掘其中与本国话语体系相贴近的生动例子，以妙趣横生的方式讲好中国故事。

二、中华优秀传统文化创新与发展的路径选择

在新时代背景下推动中华优秀传统文化创新发展是一项任重而道远的工程，传统文化的发展涉及方方面面，影响也较为深远。为此，需坚守正确的文化发展理念，坚持马克思主义指导思想，坚持民族精神与时代精神相结合，实现内容与形式相融合；实现多重教育引导的有机结合，从个人教育、家庭教育、学校教育与社会教育方面着手，多方教育力量共同发力，使更多青年认识到传统文化发展的重要性；注重激活文化发展的生命力，不仅要立足于当下，从不忘本来与吸收外来的角度思考，而且也要面向未来，对中华优秀传统文化的创新发展进行进一步的展望。此外，还需从加强文化传播推广、创作以人民为中心的文艺精品等角度紧紧抓好文艺创作的关键环节。

（一）坚守正确的文化发展理念

坚守正确的文化发展理念是推动中华优秀传统文化创新性发展的重要前提。发展理念作为一种认识，对实践有着重要的指导作用，因而坚守正确发展理念在中华优秀传统文化创新性发展中占据不可替代的重要地位。

第二章　中华优秀传统文化的传承与发展

1. 坚持马克思主义指导思想

马克思主义自传入中国，便以其与时俱进的理论品质对中国历史起到了重大而深远的影响。马克思主义作为一种先进的理论，不仅在中国革命、建设与改革的历史关头发挥了重要作用，对文化的发展亦是如此。马克思曾就文化与哲学的关系明确指出："哲学正变成文化的活的灵魂。"在当前文化自信越发重要、中华优秀传统文化发展的重要关头，坚持以马克思主义为指导是基于历史而做出的正确抉择。

坚持马克思主义指导思想，便是要坚持一切从实际出发，立足中国实际，这是马克思主义思想中所蕴含的一条重要方法论。在这一方法论的指引之下，中华优秀传统文化的发展需要从人们的现实生活中汲取灵感与营养，走近大众的生活。对于那些脱离群众生活、不愿意从实际中获取创作灵感的行为应予以摒弃，对于那些过度宣传负能量的文艺作品也应加以制止。文化创作者应从实际生活中选取有益的生活素材，将其与中华优秀传统文化相结合，创作出具有文化自信的正能量文艺作品。如若一味脱离实际，将中华优秀传统文化束之高阁，那么便与最初的创作宗旨背道而驰，也背离了以马克思主义为指导这一重要理念。坚持马克思主义指导思想，便是要把握意识形态主导权，引领社会思潮。在当前社会思潮多元化的环境下，意识形态领导权对于文化建设的引导作用更为显著。坚持以马克思主义为指导，可防止广大民众迷失在某些西方国家宣扬的"普世价值观"中，也可防止其盲目崇拜西方的思想文化及生活方式。牢牢掌握马克思主义在意识形态领域的主导权，能够在最大限度上凝聚民族向心力，引导广大民众树立正确的思想观念，从而为中华优秀传统文化的发展提供一个良好的舆论氛围。

2. 坚持民族精神与时代精神相结合

中华优秀传统文化要想在新时代背景之下实现创新性发展，除了要坚持以马克思主义为指导，还应坚持民族精神与时代精神的结合。这两者虽各有侧重，但都是推动中华优秀传统文化创新性发展的催化剂。民族精神与时代精神不是相互独立的关系，民族精神为时代精神的形成打下了深厚的基础，时代精神是民族精神在当代的重要体现。坚持两者的统一融合，才能让中华优秀传统文化在原有的基础上有所突破。

坚持民族精神与时代精神相结合，便是要将爱国主义与改革创新有机融合，这一特点在近几年的热门电影中表现得尤为突出。《战狼2》的横空出世，不仅屡次打破票房纪录，也将爱国主义情怀贯穿电影始终；《我和我的祖国》以多个单元剧的形式，创新性地向观众展现了新中国成立70周年以来一些具有纪念意义的历史事件;《夺冠》以不一样的视角向观众展现了中国女排精神,再一次展示了中国人的集体主义精神。这些电影的大获成功,不仅仅是因其将爱国主义精神展现得恰如其分,更重要的是,电影工作者在创作的过程中,别出心裁地采取全新的形式或视角,让观众有了耳目一新的观感。由此可以看出,坚持民族精神与时代精神相结合,的确能够取得一加一大于二的效果,在文艺创作方面尚且如此,广而概之,在中华优秀传统文化的创新性发展方面亦是如此。

3. 实现内容与形式相融合

中华优秀传统文化的发展离不开内容与形式的融合,只有将两者恰到好处地结合,才能将中华优秀传统文化的影响力发挥到极致。如若只重内容而忽略形式,则容易使传统文化欠缺感染力,难以引起人们的共鸣;如若只重形式而忽略内容,那么传统文化之中所蕴含的诸多思想、情感与审美价值都难以挖掘出来。因而,中华优秀传统文化的发展既需要充分挖掘至今仍有时代价值的内容,也需要将其以恰当的形式呈现出来。唯有如此,才能让中华优秀传统文化在新时代背景之下重新焕发生命力。

实现内容与形式相融合,需要始终遵守的一个原则便是与时俱进,将不同的内容配以相应创新的形式,赋予其全新的面貌。文化类纪录片便是传统文化形式创新的一种重要表现。以《我在故宫修文物》这一纪录片为例,它通过独特的视角记录了故宫内的稀世文物修复的过程,因其全新的内容与独特的形式,不仅获得了极高的点击量,引发了观看热潮,更让观众零距离感受到了文物的魅力,实为传统文化内容与形式巧妙融合的典型案例。

此外,如今古风音乐的大热也同样是抓住了这一点,《琵琶行》本是白居易的一篇名作,而今经过古风音乐人的改编而迅速在网络上走红。将传统文化中的经典名篇以歌曲的形式重新加以诠释,有利于古代诗词的迅速传播,从而提高人们对传统文化的兴趣。由此可知,中华优秀传统文化并非落后于时代的文化,将其内容与恰当的形式相融合,便能碰撞出不一样的火花。

(二)深入发掘中华优秀传统文化精髓

1. 发掘中华优秀传统文化精髓

在五千多年浩瀚的历史长河中,流淌的中华传统文化并非全都是精华,有些是腐朽过时的糟粕,也有些是值得再商榷、再审视的。例如,在古代官场文化里,既有"为政以德""当官避事平生耻""清贫耐得始求官""为官一任,造福一方""穷则独善其身,达则兼济天下""清心为治本,直道是身谋"等崇高理想,也存在着"官本位""封妻荫子""朝中有人好做官""一人得道鸡犬升天""千里为官只为财"等腐朽思想；在家庭文化中，既有"尊老爱幼""老吾老以及人之老，幼吾幼以及人之幼""举案齐眉""兄友弟恭"等传统美德，也存在"三从四德""厚葬久丧""丧三年，常悲咽""不孝有三，无后为大"等陈旧思想；在生态自然文化中，既存在"天人合一""万物齐一""人与天地参""取之有度，用之有节"的价值表达，也存在"畏惧天命"的老旧思想等。新时代，对中华传统文化理解的深度决定了获得思想文化资源的程度。在"创造性转化、创新性发展"方针下，凝练中华传统文化之精华，剔除糟粕，切不可全盘接收。

何为中华优秀传统文化？可以说，它是从古至今中华民族所创造的优秀文化成果的集合，至今仍有重要价值的思维方式、情感表达、价值取向和精神观念等。其上限最早可追溯到原始氏族公社时期，其下限则以1919年的新文化运动为节点，中间"大体经历了中国先秦诸子百家争鸣、两汉经学兴盛、魏晋南北朝玄学流行、隋唐儒释道并立、宋明新学发展、明清延续等几个历史时期"。新时代我们应遏制和匡正不良文化思潮，真正发掘梳理中华优秀传统文化与社会主义现代化建设的精准关系，发掘讷言敏行、诚实守信、勤俭节约、艰苦奋斗、自强不息等对市场经济建设的作用；发掘民为邦本、礼法合治、求同存异、正己修身、和衷共济等对民主政治建设的作用；发掘崇尚正义、共筑大同、讲信修睦、推己及人、克己复礼、尊师重道等对培育和践行社会主义核心价值观的作用，发掘俭以养德、仁者爱人、中庸和谐、贵民崇礼、贵和尚中、德主刑辅等对社会治理的作用；发掘天人合一、道法自然、知行合一、万物共生等方面的思想智慧，指导生态文明建设。

2. 阐释中华优秀传统文化精髓

中华优秀传统文化有其独特的形成逻辑，是经得起实践检验的文化，系统梳理和归纳中华优秀传统文化的精髓，是回答以什么样的"文"去化人育人的问题，这是引导人们清晰地认知和理解中华优秀传统文化的关键环节。"要讲清楚中华优秀传统文化的历史渊源、发展脉络、基本走向，讲清楚中华文化的独特创造、价值理念、鲜明特色，增强文化自信和价值观自信"。

一方面，将具体文化精髓放在具体的历史环境中去阐释。任何一种文化的生成，都是社会政治、经济与人文等元素相结合的产物，阐明其形成时的社会基础，解读其内容、表达形式、精神实质与时代价值，能让人们真正体会文化的实质精神，而不是囫囵吞枣、过目而忘。

另一方面,"阐释者"需要由专业人员来承担。受个人教育水平、教育观念等因素的制约,人们对中华优秀传统文化精髓的理解点、理解程度都不尽相同,整体会存在差异性。以经典文化典籍为例,不同群体接触的范围不同,人们对文字表述,尤其是文言文的表述理解程度不同,对其中蕴含的文化精神把握程度也不同。这就需要专业人员结合多样的弘扬载体,向人们阐释其中的奥义与智慧,直抵人心。

近年来,多位文化专家带头引领,出版了一系列能正确阐释中华民族文明史的读物,巩固中华文化基石。"中华经典资源库"更系统、更准确、更多彩地阐释了中华优秀传统文化精髓,现已包含诗文词曲、诸子百家、汉字与中华文化、少数民族文学文化经典四大板块。其中诗文词曲部分涵盖先秦、秦汉、魏晋、唐代、宋代、元代、明清和近现代文学,以视频资源建设的方式定期聚焦中华优秀传统文化精髓,专业阐释以增强大众的传承意识,而更多与此相关的数据平台正紧锣密鼓地构建。

3.展示中华优秀传统文化精髓

以中华民族独特的话语表达传统为基础,将中华优秀传统文化精髓搭载合适的媒介充分展示出来,是新时代中华优秀传统文化弘扬工作中极为重要的一环。党中央立足于中国具体实际,结合中国特色社会主义思想研究范式,动员各方面一起做国际国内宣介工作,加强统筹协调,号召将中华优秀传统文化的精神标识、价值理念、当代价值和世界意义主动展示出来。

(1)夯实传统展现形式

传承至今的中华优秀传统文化精髓,有其固有的文化载体,或有形或无形,现代社会发展切不能忽视或遗忘这些传统展现形式,切不能因此造成文化损失。我们应深入研究具体文化发展的脉络和细节,以文字为展现形式的,不断加强相关典籍的修复、保护、编撰、注释和出版;以器物为展现形式的,不断做好相关载体的修缮、维护和重建,从而为满足现代社会需求打下基础。如此才能创造出具有中国特色的中华优秀传统文化研究学术成果,将中华优秀传统文化精髓反映的价值理念和哲理智慧作为着力点,并以此作为展示主体,赋予其新的时代特征,保留中华优秀传统文化精髓原有的展现形式,广为人知、真为人懂、深为人信。

(2)创新现代展示媒介

在古代,社会景象和价值观念常常借助评书、戏曲等的"高台教化"功能吸引听众,丰富百姓的精神世界。在新时代,展示中华优秀传统文化精髓要善于运用新媒体、新技术等传播载体和手段,进行有机结合,创新现代化展示模式和

第二章　中华优秀传统文化的传承与发展

策略，让人们对中华优秀传统文化精髓的学习和体验更具灵活性、便捷性和互动性，人们更能看得懂、听得进、领会得透。在这方面，《国家宝藏》《上新了·故宫》等电视节目就是有益的探索。

此外，在国家的各项方针政策的支持和鼓励下，社会各界积极宣介中华优秀传统文化，公益广告、博物馆陈列、文化仪式展演、建筑文化设计、包装设计、民间手工艺品展示等，都为润物细无声的综合"展示"提供了媒介。

（三）科技赋能提升中华优秀传统文化的影响力

当前，我国的5G、大数据、虚拟现实、增强现实、全息影像、人工智能、区块链等前沿科技发展迅速，并被广泛应用于文化领域，中华优秀传统文化的保护、传承、创新、发展、传播与交流，都已经离不开前沿科技的强大支撑与整体赋能。各种前沿科技能够创新传统文化的表达方式，重塑传统文化的存在形态、价值内涵与体验模式，不断赋予优秀传统文化新的生命活力与时代风貌，有效提升优秀传统文化的表现力、吸引力、感染力与传播力，拓展其发展创新空间。

1. 应用前沿科技创新中华优秀传统文化的表达方式

深度应用前沿科技能够创新、丰富优秀传统文化的表达方式，生动形象、鲜活立体地呈现优秀传统文化的精彩内容、深厚内涵与美学意蕴，丰富和深化受众的观感体验。博物馆里珍藏的各种文物，如果单纯采取静态展示和文字说明的方式，很难生动鲜活地呈现文物丰富的历史文化信息，也很难给观众提供深刻、新鲜的文化体验。前沿科技则能化静为动、化单一为多元，"让收藏在博物馆里的文物、陈列在广阔大地上的遗产、书写在古籍里的文字都活起来"。敦煌博物馆改进、创新文物展陈方式，将静态的敦煌壁画实景与虚拟现实、增强现实等数字技术结合，推出虚拟漫游，赋了壁画内容动态呈现方式，让游客通过手机就能看到栩栩如生、鲜活灵动的精美壁画，产生强烈的在场感。故宫博物院和凤凰卫视联合创制的互动艺术展演《清明上河图3.0》，借助互动沉浸技术、4D全息影像等多种前沿科技，动态还原国宝级名画《清明上河图》描绘的北宋市井生活景象和文化风情，构筑现场真人与虚拟场景交织的观览空间，让游客能与《清明上河图》进行多种方式的互动，获得"人在画中游"的深刻沉浸体验。

前沿科技不仅能够实现优秀传统文化的活化呈现，而且能够赋予其符合当代审美的表达方式，生动传达优秀传统文化只可意会难以言传的美学意蕴。郑州歌舞剧院排演的古典舞蹈《唐宫夜宴》就通过现代科技重塑的方式，赋予了优秀传统文化新颖的、富有表现力的现代风貌，激活了其艺术魅力。节目运用5G、3D

和 AR 技术，让现实舞台的古典歌舞与莲鹤方壶、《簪花仕女图》、《捣练图》等博物馆典藏国宝级文物以及各种绝美传统文化符号的虚拟影像交错呼应、完美结合，在声、光、电、影、音、画协同构建的虚实结合、美不胜收的视觉场景中，再现大唐盛世的恢宏华美气象，打造衣香鬓影、歌舞翩然的博物馆奇妙夜，给予观众新奇、震撼的文化体验。

可以看出，当前沿科技与优秀传统文化完美融合时，优秀传统文化的内容、意蕴与神韵就能够以丰富多样的表现形式鲜活生动、感性直观地呈现出来，从而切实提升表现力和感染力，给予受众富有震撼力的沉浸体验和跨越时空的新奇体验。古典文学、民间故事、神话传说、传统技艺、传统书画等优秀传统文化遗产都可以与全息影像、虚拟现实等前沿科技深度融合，创新展示和表达方式，实现视觉化、交互化、动态化呈现和全新演绎，展现富有时代新意的全新风姿。

2. 借助前沿科技丰富和提升中华优秀传统文化的内容

前沿科技与优秀传统文化的融合能够为优秀传统文化注入现代科技的形式美学、技术特质、时代特色，丰富、拓展其内涵。例如，互动艺术展演《清明上河图 3.0》在还原原作的同时，融入了多种高新互动技术的表达技巧和形式元素，容纳了全息影像、虚实互动等具有现代审美特色的科技内容要素，呈现出比原作更丰富、更生动、更立体的内容。

在前沿科技与优秀传统文化的融合创新中，为了让内容与形式精准匹配、达到形神兼备的表达效果，我们要结合前沿科技与新载体的特征对优秀传统文化的内容进行选择、提炼、整合、创新，使之与新的技术手段和表达方式完美匹配，更富有感染力。

3. 利用前沿科技为中华优秀传统文化发展创新赋能

要推进优秀传统文化与先进科技新形式、新要素的多层次、多方式渗透融合，利用科技手段实现优秀传统文化与各种现实场景、现代艺术形式的结合，创新丰富传统文化的现代表达手段，借助各种新兴技术手段打破传统文化的门类边界，推动各类优秀传统文化创造性重组，拓展优秀传统文化的转化路径，不断催生崭新的优秀传统文化产品。

要运用各种前沿科技，以新理念、新业态、新模式对优秀传统文化进行多元化重构，不断拓展优秀传统文化发展创新的产业空间，形成丰富的传统文化产业新业态，不断构筑传统文化创新发展新模式。

要借助交互技术、互联网技术、5G 技术等前沿科技以及抖音、快手等短视频传播平台，突破时空限制，打造无限开放的优秀传统文化发展创新的网络空间及文化场域,扩大传统文化的受众群体。同时,通过发达的网络技术推动传统文化转化创新成果创造者与消费者之间的交流互动及身份互换,让每个人都有机会参与优秀传统文化的重构,在全社会范围内形成推动优秀传统文化发展创新的巨大合力。

(四)实现多重教育引导的有机结合

文化的传承与发展终究需要靠一代又一代的青年来推动,因而,实现多重教育引导的有机结合在推动中华优秀传统文化的发展过程中至关重要。在这一教育引导中,不仅需要年轻一代从自身出发,提高自己的文化修养与积淀,注重个人教育,而且需要家庭、学校与社会教育多管齐下,让更多的青年意识到中华优秀传统文化的魅力所在,让其在传统文化的熏陶之下,自觉承担起传承中华优秀传统文化的重任。

1. 注重个人教育

加强教育引导最先应从个人教育方面入手,唯有关注自身,切实提高自己的文化修养,才能更为贴切地了解文化自信的内涵,从而自觉主动地了解中华优秀传统文化。

其一,关注自身文化修养,增强对中华优秀传统文化的认知与了解。在当前这样一个信息大爆炸的时代,广大青年在成长过程中会接受许多不同文化,这便会直接导致其对中华优秀传统文化了解不够深入、认知不够明晰。如部分青年对中华优秀传统文化缺乏必要的文化自信,在新鲜文化的刺激之下,盲目认为中华优秀传统文化是一种过时的文化;部分青年对中华优秀传统文化的认知有碎片化倾向,往往流于表面,对其中所蕴含的深刻思想不去挖掘或思考;部分青年仅从实用性方面出发,认为中华优秀传统文化无法为其带来显性的用处,从而忽略了传统文化潜移默化的影响力与润物细无声的感染力。因此,在这样的境遇之下,广大青年亟须关注并提高自己的文化修养,多渠道了解中华优秀传统文化的宏大内容与隽永思想,能够从文化自信的视野辩证看待中华优秀传统文化的历史地位,提升对传统文化的认同感,从内心感受传统文化的魅力所在,摒弃对其碎片化的了解。唯有如此,广大青年才能提高明辨是非的能力,自觉抵制不良文化与思潮的影响,在中华优秀传统文化的熏陶中提高自身的综合素质,自觉成为中华优秀传统文化的传承者。

其二,线上、线下多种方式了解中华优秀传统文化。首先,积极参与中华优秀传统文化的相关活动。在文化自信愈发重要的社会背景之下,与中华优秀传统文化相关的活动也日渐繁多，因此广大青年可以抓住这一时机，多多参与宣扬中华优秀传统文化的活动，以便从中得到不一样的人生体验，更为细致地体会中华优秀传统文化的魅力所在。其次，可以通过互联网经常观看一些与中华优秀传统文化相关的节目或纪录片，如《中国诗词大会》《如果国宝会说话》《上新了·故宫》。这些节目都以独特的方式为广大受众了解中华优秀传统文化提供了一个全新的视角，打破了人们对传统文化的刻板印象，拉近了传统文化与普罗大众的距离。最后，主动接触与中华优秀传统文化相关的文艺作品。通过阅读相关书籍，广大青年可以从中直接领悟到传统文化所传递的价值观；通过欣赏我国古代书法绘画，可以从中感受到传统文化所蕴含的深刻内涵。能让广大青年更为系统、客观地了解中华优秀传统文化。

2. 注重家庭教育

在推动中华优秀传统文化创新性发展的过程中，提高个人的文化修养、注重个人教育固然重要，但同时也需要家庭教育的合理引导。家庭教育在一个人的成长过程中有着不可替代的作用，它贯穿人一生的成长过程，对大多数人都有不可磨灭的影响，因此，家庭教育的重要性不言而喻。

营造良好家风，传达正确教育理念。家风作为一种看不见、摸不着的隐性形态，具有传承性与稳定性，这些特点便决定了良好的家风对一个人一生的成长都是受益无穷的，无论是道德养成方面，抑或文化修养方面都是如此，这其中便自然包括中华优秀传统文化修养。为了让家庭教育推动中华优秀传统文化发展，家长应努力营造良好的家庭氛围，传达正确的教育理念，将中华优秀传统文化潜移默化地植入孩子的日常生活中，成为其受用一生的智慧法宝。为此，家长需努力提高中华优秀传统文化在家庭教育中的地位，高度重视中华优秀传统文化修养培育问题。就目前而言，一些家庭教育中存在着重视学习成绩而忽略文化修养这一问题，久而久之，便容易形成"唯成绩论"这一现象，同时，个别家长与孩子缺乏必要的沟通，对孩子的兴趣所在也无从知晓，某种程度上便无法完全发挥家庭教育的优势。如此一来，不仅不利于孩子健康心理的养成，而且也不利于中华优秀传统文化修养的培育。在如何对待中华优秀传统文化这一问题上，家长的态度在一定程度上决定了孩子的态度，因而，形成良性的代际互动、营造良好的家风、传达正确的教育理念便亟须提上日程。

创新家风文化，做好示范作用。家长作为孩子的第一任老师，从孩子呱呱坠地之日起便无时无刻不在影响着孩子的言行举止，因而家长需以身作则、重言传身教，从点点滴滴的行为习惯影响孩子对中华优秀传统文化的态度与看法。作为一名合格的家长，应努力提高自身的文化修养，或阅读相关典籍，或观看相关节目，不断陶冶自身情操。同时，将中华优秀传统文化植入家风建设中，创新发展家风文化，以适应新时代发展要求的良好家风培育孩子的中华优秀传统文化修养。家风所具备的时代性便注定其需不断地创新发展，以便更好地在家庭教育中发挥教化作用；家风所具备的长期性便注定其需要一代又一代人的努力，才能形成较为稳定的思维模式，延续家庭文化与家庭教育。家风文化的创新发展与家长的言传身教都是不可或缺的，两者的相互作用才能更为有力地激发孩子对中华优秀传统文化的兴趣，促使其积极主动地学习中华优秀传统文化，从而提高文化自觉与文化自信，提升文化境界与文化认同。

3. 注重学校教育

学校教育在推动中华优秀传统文化创新性发展方面同样功不可没，学校教育与家庭教育的结合才能取得教育效果的最大化。为此，广大学校不仅需要在教学内容上做足功课，而且需要在师资力量方面下功夫。

（1）优化教学内容，重视课程设置

加强学校教育推动中华优秀传统文化创新性发展，应慎重甄别优秀传统文化，将此融入课堂教学之中，从而逐步提高学生的传统文化修养。中华优秀传统文化范围很广，其诸多内容皆可用于课堂教学。以古诗词为代表的传统文学可提高学生的文学修养，以书法绘画为代表的传统艺术可丰富学生的内心世界，历史的不断更迭在时刻培育学生的大局观与家国情怀，古代仁人志士的嘉言懿行也在不断激励学生奋发图强。为此，学校在教书育人的过程中，可将中华优秀传统文化作为教学重点，并以学生喜闻乐见的方式教授给他们，必要时可适当借助新媒体手段来实现教学效果的最优化。同时，在此基础上，学校教育也应高度重视课程设置，精心开设一些与中华优秀传统文化相关的课程。课程设置需充分考虑学生的认知水平与学习能力，分学科、分阶段地逐步推进，切不可搞一刀切，也不可毫无重点地盲目推进。这样的做法既能够有效避免传统文化的碎片式学习，充分保证学生对传统文化有一个较为系统完整的了解，也是对学校传统教育的有益补充。

（2）加强师资力量，开展文化活动

教师的职业特殊性使得其综合素质与文化修养会直接影响到学生对中华优秀传统文化的看法。如果教师本人对传统文化了解不够深入，那么便很难让学生发自内心地喜爱中华优秀传统文化。因而，学校在提高学生传统文化修养的过程中，应高度重视师资力量的培养，一方面要不断加强对教师传统文化修养的培训，另一方面也需通过恰当的方式检验教师传统文化修养培训的成果。两者相互结合才能最大限度提高教师的传统文化修养，加强师资力量。同时，教师本人也应根据时代发展要求主动学习中华优秀传统文化，并在实际教学过程中将之与课本内容融会贯通。此外，学校也应大力开展中华优秀传统文化相关的课外活动，让广大学生在学习之余能在实践中感受到中华优秀传统文化的吸引力。例如，学校可举办文化讲座，邀请传统文化相关领域的名人为学生进行讲解；可举办相关的知识竞赛，号召广大学生积极参与；可举办传统文化节，定期为学生普及各类传统文化知识。这些文化活动都是为了促使学生进一步增强文化自信，提高对中华优秀传统文化的喜爱程度，从亲身体验中增强对中华优秀传统文化的认同感与自豪感。

4. 注重社会教育

在新时代的背景下推动中华优秀传统文化创新性发展，除个人教育、家庭教育与学校教育之外，还有一个重要关注点便是社会教育。从个人维度而言，社会教育有利于激励广大青年主动学习中华优秀传统文化知识；从社会维度考虑，社会教育有利于构建学习型社会，营造良好的传统文化学习氛围，从而提高文化自觉与文化自信。强化社会教育，可从宏观层面与微观层面入手，两者的有机结合才能将社会教育的影响力与感染力最大化。

（1）宏观层面，注重舆论导向

社会教育主要是通过社会教化的方式来实现的，不同的文化资源、生活方式会造就不同的群体。"宏观层面的社会教育主要包括整个国家和社会的意识形态和核心价值观念，社会政治、经济、法律、文化、社会生活方式等，它是国家和社会从宏观层面提供给青少年发展的一种累计性的效应。"

每一个个体都在时刻接受着社会教育所带来的濡化与影响，因而从宏观层面考虑社会教育便要时刻注意其导向性作用，让广大民众获取有利于中华优秀传统文化发展的信息，稳稳把握舆论导向，充分发挥舆论成风化人、润物无声的作用。尤其在当下信息纷繁的时代，社会教育更应如此，对宣传中华优秀传统文化的新闻报道加以推广，对发扬中华优秀传统文化的时代楷模加以褒奖，从而形成良好的舆论导向。

（2）微观层面，营造文化氛围

由于城乡之间、东西部之间存在经济差距，各地的教育资源与教育设施也不尽相同，因而每一个个体所处的文化氛围与文化环境也存在差异。为此，从社会教育微观层面上推动中华优秀传统文化发展，要注重文化氛围的营造。以博物馆、天文馆、纪念馆、图书馆等为代表的社会教育载体能够为广大民众提供独特的文化体验，让参观者获得身临其境之感，对于营造良好的传统文化学习氛围有着非同一般的影响力。

因此，广大民众要善于利用这些教育设施，提高对中华优秀传统文化的认同感与文化自信。一方面，广大教育载体需不断完善，尽快转变工作理念，将馆内所展示的文化资源以民众喜爱的方式呈现出来；另一方面，民众也需自觉地利用这些文化载体，主动接受中华优秀传统文化的熏陶。

（五）推动中外文化交流互鉴

1. 摆正中华优秀传统文化传播心态

自鸦片战争以来，西方文化对中华优秀传统文化的冲击并不鲜见，一些人便失去了原有的自信心。在从传统向现代的转型中，要重塑国人文化自信，尽管道路曲折且艰辛，但经过长期努力，如今中国发展已进入新时代的历史方位。中国作为东方文明古国、社会主义大国，摆正中华优秀传统文化传播心态是必须高度重视的问题。

以前，在面对中西文化差异时，一些人缺乏勇气展现富有中华特色的传统文化，更有甚者不假思索地直接否定中华文化，这些错误心态给中外文化交流互鉴增加了障碍。新时代，在世界多元化的碰撞与冲突中，为了维护我国的国际地位，我们应推广中华优秀传统文化，注重强化文化自觉意识，坚定文化自信，勇敢地宣传本国文化。这就需要用以爱国主义为核心的主旋律文化来纠正和破除国际传播中文化自卑、"西方至上"的崇洋媚外心态。

目前，中华民族不断自省自立，秉持理性客观的态度摆正位置以谋求发展，迎来了从站起来、富起来到强起来的伟大飞跃，中国坚持"和平、发展、合作、共赢"的外交理念，善于展现中华优秀传统文化之魅力，引起了国际社会的热烈反响和广泛认同，提升了中国的国际地位。可见，只有提升文化自觉意识、坚定文化自信、摆正传播心态，才能更好地让中华优秀传统文化走出国门、迈向世界。

新时代我们应该致力于挖掘中华优秀传统文化的当代价值。博大精深的中华优秀传统文化可以给其他国家和民族以借鉴。提升文化自觉意识、坚定文化自信、允许文化以多元化的方式并存、正视外来文化的挑战、吸收优秀外来文化因素，是中华优秀传统文化发展的方向，是传播中华优秀传统文化的正确心态。

2. 增强中华优秀传统文化的国际认同

要让中华优秀传统文化获得国际社会的认同，先要想好如何迈出国门，除了做好对走出去主体、内容、载体的研究，还得重视对受众国历史、传统文化、文化价值观的研究。当弘扬中华优秀传统文化中所蕴含的文化价值观与受众国家的文化价值观相近时，更容易引起受众国家人民的认可与共鸣。因此，我们应注重理解传播对象的文化逻辑，深入研究不同文化圈所属文化的特质，选择对现代世界有影响的内容进行时代性再创造，寻找出与其他国家和民族相通的思想观念再表达，正确全面地向世界展示中国的价值观，树立良好的国际形象，避免因对中华优秀传统文化的一知半解而误解当代中国的价值观念，避免因缺乏了解导致触碰文化禁忌，使他国产生抵触心理。阐发中华优秀传统文化中蕴藏着的"自强不息"的创造精神、"贵和尚中"的和谐思想、"天人合一"的生态文明思想、"重德隆礼"的人文思想、"知行合一"的务实精神等，这些思想和精神影响着中华民族的思维方式、生活方式，是中华民族独特的精神符号。以"和""大同""协和万邦""兼爱非攻"等思想反驳"冲突论"，倡建"人类命运共同体"。文化的共通性很容易让不同文明产生共鸣，能够吸引每个热爱和平的国家和民族发自肺腑地理解并认同其价值所在，在全球性发展进程中尽自己的一分力，进而增强中华优秀传统文化的国际认同。

2019年8月，大型纪录片《莫高窟与吴哥窟的对话》在敦煌国际会展中心首映，这是敦煌莫高窟和柬埔寨吴哥窟两座世界文化高峰的一次跨时空对话与碰撞的成功尝试。敦煌文化的灿烂，正是世界各族文化精粹的融合，也是中华文明几千年源远流长不断融会贯通的典范。海外中国文化中心、孔子学院、文化节展、书展、电影节等各类活动的举办已成为弘扬工作的杰出成果，医药、民乐、武术、烹饪、戏曲等国粹文化艺术纷纷走出国门，为中国赢得了更多理解支持和国际认同。

3. 创新中华优秀传统文化传播方式

新时代，"讲故事，是国际传播的最佳方式"。如何讲好中国故事？要精心突出主题、创新方式方法，要把"道"贯通于讲故事之中，以使外国人民听得到、听得懂、听得进的方式想听爱听、听有所思、听有所得。一方面，打造自己的话语叙事，把"故事"的内容建立在"中华优秀传统文化"的基础上，将中国精神、中国力量包含在其中。另一方面，各种精彩生动、精炼多样的故事载体，也让"讲故事"的方式不仅仅限定于"叙述"。新时代，我们要坚持用通俗易懂、人民喜闻乐见的方式将中华优秀传统文化所包含的中医针灸、历法、技艺、节庆、礼仪、书法、舞蹈、音乐、戏曲等文化遗产表达出来，积极创新中华优秀传统文化国际传播的形式与方法，让世界人民通过中国文化故事，更系统全面地认识中华优秀传统文化、更加深入地了解中国。

除了在世界各国建立孔子学院、建设海外中国文化中心、多语种翻译中国传统典籍著作、常规化举办文化年和旅游年活动、开新闻发布会、中国留学生在他国弘扬中华优秀传统文化等方式，新媒体技术也为传播中华优秀传统文化开辟了新路径。我们应借助互联网平台，以线上方式与线下活动双管齐下，综合运用多方媒体资源展示中华优秀传统文化特色。一是强化图书馆数字化建设与网站建设，鼓励开展各类"云文化"活动，与当地媒体保持长期互动与友好合作。就博物馆的"云展览"而言，其具有便捷、可互动、信息储量大等特点，让随时随地参观不再是一纸设想，真正地"活"起来、"动"起来。二是在全球范围内都较为流行的抖音App、YouTube（一个视频网站）上常态化发布有深度、有内涵的古风服饰、传统建筑、人文自然、民族工艺等中华优秀传统文化相关题材精品。在游戏类、娱乐类App的场景、人物、服饰等领域融入传统文化相关元素，提升文化品牌价值，让受众时刻感受到中华优秀传统文化的熏陶和影响。三是发挥影视剧的社会功能，在影视剧中融入中国的儒家思想和饮食、服饰、中医药文化等，让海外观众在不知不觉中感受到中华优秀传统文化。国际传播的方式还有很多，我们应不断创新传播形式，增强传播的有效程度和力度，提升国际社会对中华优秀传统文化的理解、尊重与认可。

（六）激活文化发展的生命力

无论是从文化发展的内在规律来看，还是从文化发展的时代要求来考虑，不忘本来、吸收外来与面向未来都可谓激活文化发展生命力的重要法宝。

1. 不忘本来

不忘本来，便是要合理继承中华优秀传统文化，充分挖掘其中的精华所在，将中华优秀传统文化的优势充分发挥出来。不忘本来主要指对传统文化本身所应持有的态度。

（1）继承传统，充分挖掘传统文化精华

顾名思义，不忘本来首先要做到的便是充分挖掘中华优秀传统文化的精华所在。四大文明古国中，唯有华夏文明历久弥新不曾中断，五千多年文明历史孕育而成的中华优秀传统文化，从唐诗宋词到明清小说，从诸子百家到四大发明，从琴棋书画到古玩器物，都为坚定文化自信提供了深厚的基础。然而，并非所有的传统文化都有利于推动文化强国的发展进程，依然还有一些传统文化碍于时代发展要求而与当今社会格格不入。

为此，需以辩证的态度看待传统文化，对于那些至今仍有重要价值的传统文化，要合理地加以继承，充分挖掘其中仍有借鉴意义的思想与内容；对于那些不符合时代发展潮流的文化则要采取相反的态度，即加以剔除。充分挖掘传统文化精华不仅是时代发展的必然要求，也是基于现实所做出的正确抉择。

（2）推陈出新，充分发挥传统文化优势与时代价值

仅仅挖掘传统文化精华是远远不够的，还需要将其优势充分发挥出来，这同样是一个值得深思的问题。为此，需要从两方面入手，一面是加强宣传，让广大民众认识到传统文化的价值，另一面则是将传统文化与当下的时代条件相结合。加强宣传的重要性不言而喻，在宣传中华优秀传统文化的过程中，不仅要注重宣传方式的与时俱进，通过各种广大民众喜闻乐见的方式来进行宣传，适应当下人们的生活习惯与方式，也要注重宣传载体的充分利用，这其中既包括物质性文化载体，也包括非物质性文化载体。中华优秀传统文化的发展还需和时代发展共同进步。诸多传统文化虽说在如今依然熠熠生辉，但是碍于各种因素的限制，其影响力终究有限，因而在"不忘本来"的过程中，尤其需要注意将其以一种全新的面貌呈现出来。例如，《上新了·故宫》便是结合时代特点所推出的一档原创类文化节目，它不仅使得人们对故宫的了解更为深刻，而且通过文化创意衍生品开启了传统文化发展新模式。

2. 吸收外来

吸收外来便是指通过各国、各民族文化之间的交流互鉴，合理吸收世界各国的优秀文化成果，使中华优秀传统文化在文化全球化的进程中始终占据一席之地，从而提高中华优秀传统文化的感召力与影响力。

（1）交流互鉴，洋为中用

在漫漫的历史长河中，不止中华民族形成了本民族的文化特色，世界各国都创造了本民族的璀璨文化。无论是诗歌、绘画，还是文学、建筑，由于生活方式、地理环境等因素的影响，不同民族形成了不同的文化风格。随着各民族文化的交流互鉴不断深入，中华优秀传统文化需抓住这一历史性时机，不断吸收融合其他民族的文化精华，并进行辩证的取舍，如此一来，方能有效推动中华优秀传统文化与外来文化的融合互鉴。"洋为中用"这四个字的核心便在于"用"，因而明辨哪种外来文化可供借鉴、哪种外来文化需要摒弃是极为重要的一点，这是

第二章　中华优秀传统文化的传承与发展

践行"洋为中用"的关键所在。如若不加以区分地全盘吸收,那么便容易造成水土不服,从而出现适得其反的现象。此外,在明晰这一问题的基础之上,更要明确如何将外来文化与中华文化相融合,采取恰当的方式将两者融合,这样便既能充分吸收外来文化的优势与价值,又能大大提高中华优秀传统文化的生命力,为其注入新鲜血液。

（2）以我为主,为我所用

"以我为主"便是要始终站在本国的立场上,推动本民族文化的发展,切勿盲目跟风。关于这一点,美国的做法值得借鉴。无论是原创类的电影动漫,或是吸收借鉴其他国家、其他民族文化而创作出的作品,最终都推动了美国文化产业的发展。以《功夫熊猫》和《花木兰》为例,这二者都是取材于中国文化,功夫是中国的,熊猫是中国的,花木兰这一人物也是源于我国古代的一首诗。然而,这些元素却成了美国文化产业的组成部分,这不得不引发国内对文化发展现状的深思。由此应充分吸收这一经验,无论是面对我国的传统文化,还是外来文化,都要"以我为主",将其与本国的文化相融合,使其成为我国传统文化发展的重要推动力。此外,吸收外来文化的目的终究是"为我所用",因而切不可将这一主次顺序颠倒。纵观诸多外来文化,美国在电影、音乐方面享誉世界,独特的风格加之强大的经济实力使其在文化全球化的浪潮中独树一帜;日本的动漫产业以清新治愈的风格同样成为其文化输出的重要标签;韩国则以韩剧作为其文化产业的重要窗口。这些国家的文化发展都有一个共同特点,那便是巧妙地结合了本国文化特色,并将这一优势充分发挥出来。中华优秀传统文化的创新性发展也需将此作为重要经验,形成本民族的文化特色。

3. 面向未来

面向未来与不忘本来、吸收外来都是推动中华优秀传统文化创新性发展的重要方针,也是提高文化自信的重要途径,这三者之间没有主次之分,互为补充,互相作用。新时代背景之下的面向未来,便是要将文化发展同中华民族伟大复兴牢牢结合,为推动社会主义文化强国进程添砖加瓦。只有面向未来,才能为中华优秀传统文化创新性发展提供既定的方向,使其按照历史发展规律循序渐进向前发展,不断创新,始终保持生命力与活力。只有面向未来,中华优秀传统文化才能有一个更为显性和具体的发展目标,推动其朝着思想性、艺术性、观赏性有机统一的方向发展。面向未来是中华优秀传统文化创新性发展的题中应有之义,在新时代背景之下显得尤为突出与重要。

面向未来,便是要大力坚持文化创新。不忘本来、吸收外来固然重要,然而这些举措都是为了更好地与时代发展同步，使得中华优秀传统文化内容更加广泛、意蕴更加深刻，能够更为适应当下的社会发展，更好地面向未来。因而，推动中华优秀传统文化创新性发展需大力坚持文化创新，使其始终保持生命力与先进性。中华优秀传统文化的面向未来，需将传统文化建设与实现中华民族伟大复兴的中国梦相结合。这样的举措不仅是为了满足人民群众日益多样的精神文化需求，而且也是为了让中华优秀传统文化的感染力与影响力最大化。文化创新不应止步于继承传统文化精华，也不能盲目地受外来文化的影响而产生文化自卑之感，创新二字便注定中华优秀传统文化的面向未来要将目光放得更为长远。此外，中国作为一个负责任的泱泱大国，传统文化建设的面向未来也不能仅仅只是为了推动本国发展，还要为人类命运共同体的发展做出贡献，将传统文化与人类命运共同体的发展有机结合。如此一来，才能更好地推动中华优秀传统文化建设的面向未来进程。

（七）抓好文艺创作的关键环节

1.加强文化传播推广

文化自信的提出使得人们能够更加深入地认识中华优秀传统文化，更为自觉地了解传统文化，但是仅仅依靠人们的自觉主动性是远远不够的，还需要加大传统文化传播推广的力度，从传播载体、传播范围等多方面入手，使文化传播达到最大程度的发挥。尽管中华优秀传统文化浩如烟海，如若传播与宣传力度有限，则会大大制约其影响力与辐射力，所以，大力推动中华优秀传统文化传播是一个亟须引起广泛关注的重大话题。

（1）创新文化传播载体

文化载体的多元化创新可通过不一样的方式全方位展示中华优秀传统文化的独特魅力，在当下多元文化碰撞的时代，要想使传统文化牢牢占据一席之地，创新文化载体显得尤为重要。以亭台、园林等为代表的物质载体，以网站、电视节目、综艺等为代表的网络载体，以及以各种传统文化节日为代表的活动载体都是文化载体的重要表现。不同的文化载体可承载不一样的文化，使其具有不一样的表现形式。物质载体的直观性可使得人们直接感受到传统文化的与众不同；网络载体本身便具备互联网传播的特点，因而可极大拓展文化传播的广度；活动载体通过举办各种与文化相关的活动使得参与其中的人们有身临其境之感，能够更为强烈地感受到传统文化的美感。充分利用并创新各种文化载体是推动中华优秀传统文化传播的重要手段。

第二章 中华优秀传统文化的传承与发展

（2）扩大文化传播范围

第一，从传播范围的广度来看，传统文化不只是深深影响了国人的心性和道德养成，提高了本国的文化软实力与影响力，也极大推动了世界文明的发展进程。"在五千多年的文明发展历程中，中华民族为人类文明进步做出了不可磨灭的贡献。"因而，要想在新时代背景下推动中华优秀传统文化的创新发展，不仅要注重传统文化的国内宣传，也要注重传统文化的国际传播，以推动中华优秀传统文化的国际影响力，从而增强我国的国际话语权。

第二，从传播内容的广度入手，中华优秀传统文化的传播不应只是局限于书法、绘画、文学等耳熟能详的范围，也应多多关注一些鲜有人知的传统文化范畴，将其充分挖掘出来，并根据时代发展赋予其新的含义，这才是最大限度地发挥中华优秀传统文化作用的创举。

2. 创作以人民为中心的文艺精品

坚持创作以人民为中心的文艺精品是推动中华优秀传统文化创新性发展的重要途径之一，以人民为中心这一思想源于马克思主义群众史观。之所以要坚持以人民为中心，是因为人民需要文艺。自改革开放以来，我国的社会生产力得到了显著提高，人们的物质需求基本上得到了满足，随之而来的便是精神文化需求的满足，为此，需着力加强文化建设，从而推动中华优秀传统文化的发展，提高文化自信。同时，由于互联网的快速发展，人们可接触的文化越发多元化，因而对文艺作品的要求也就随之提高了。传统文化文艺作品如若只是站在原地，而不以广大民众喜闻乐见的方式重塑，那么很快就会被遗忘。坚持以人民为中心的创作导向，将中华优秀传统文化的精华与广大民众的需求相融合，才能使各种传统文化文艺作品重新焕发生机与活力，以一种全新的面貌呈现在大众面前，给人焕然一新之感。

坚持以人民为中心，就是要将中华优秀传统文化文艺创作深深扎根于人民生活，文艺需要人民。"人民是文艺创作的源头活水，一旦离开人民，文艺就会变成无根的浮萍、无病的呻吟、无魂的躯壳。"《舌尖上的中国》可谓是将中华优秀传统文化与人民生活巧妙结合的经典案例。这一节目包含了诸多传统美食，从南方到北方，从四大菜系到日常小菜，全都囊括其中。与娓娓动听的旁白随之而来的便是人们的劳作，无论是哪一集都可以看到广大劳动人民的身影。不同地理环境造就不同的饮食习惯，餐桌上各种主食的制作过程，经由时间流转而形成的不同食物的保存方式，以及经过不同的烹饪方式和五味调和而成的各地美食，都是我国古代劳动人民的智慧结晶。这一纪录片常年高居榜首，不仅在国内大受欢迎，而且也为中华美食俘获了一大批海外粉丝，它的成功充分证实了中华优秀传统文化和以人民为中心的创作理念相结合的巨大威力。与之形成鲜明对比的，便是当前一些节目、影视作品为创作而创作，严重脱离人民生活，既没有传播正能量，也没有反映广大民众最真实的生活样貌。由此可见，坚持创作以人民为中心的文艺精品便要从广大民众的生活与实践中汲取养分、挖掘创作素材，创作反映人民心声的传统文化优秀作品。

3. 建设现代文化产业体系

文化产业作为提高文化软实力的重要途径之一，义不容辞地承担起了推动传统文化发展的重任。为此，需努力推动文化产业供给侧结构性改革，建设现代文化产业体系，这是应对经济全球化与文化全球化浪潮的有效措施。就供给侧而言，当前的文化产业在中高端领域的内容供给略微不足，而低端领域则出现严重过剩的状态；就需求侧而言，既有需求下降现象，也有需求外溢现象。面对这样的困境，推动文化产业供给侧改革、建设现代文化产业体系迫在眉睫。

（1）需要坚持经济效益与社会效益相统一

一部好的作品，应该是经得起人民评价、专家评价、市场检验的作品，应该是把社会效益放在首位，同时也应该是社会效益和经济效益相统一的作品。以近些年的电影市场为例，一系列以流量明星为噱头的电影虽取得了较好的票房成绩，然而这些影片的质量却令人担忧，粉丝文化的兴起不仅助长了这一现象的发生，而且有愈演愈烈趋势。这一趋势不仅存在于电影市场，而且也广泛存在于电视剧市场，与之形成鲜明对比的便是正午阳光团队出品的一系列优秀电视剧，如《琅琊榜》《父母爱情》等电视剧不仅注重经济效益，也注重社会效益，强调两种效益的统一，推动了文化产业的良性发展。因而，各大文化生产者在生产与传统文化相关的文化产品时，不仅要考虑成本、盈利等因素，也要考虑其中所蕴含的价值理念与深远影响，要兼顾经济效益与社会效益的统一。

（2）需要激发各类文化企业活力

作为文化产业市场中的主体，企业的积极性与活力对推动传统文化发展有着举足轻重的重要地位，为此，各大文化企业需采取措施，致力于提高本企业的文化产品质量，从而推动现代文化产业体系建设的顺利进行。首先，需明确企业定位。只有在明确企业定位的基础上，才能制定出详细具体的经营战略，创作出符合市场规律的优质文化产品，从而从供给侧一端为广大民众提供优质的文化产品，满足其精神文化需求。其次，将尊重需求与引领需求相结合，加大文化产品的创新力度。对此，需将文化产业与其他产业进行深度融合，将文化产业的优势与其他产业的特色充分显示出来,促进文化产品的中高端供给,以文化产业的供给侧结构性改革推动中华优秀传统文化的创新发展,唯有如此,才能更好地建设现代文化产业体系。

4.组建高素质人才队伍

人才的发掘与培养对于推动中华优秀传统文化创新性发展同样不可忽视。对于人才的培养,不仅要采取措施多多吸引新人投身文化建设,更要留住原本的人才。

吸引新人投身文化建设是人才培养的重要环节。首先,相关部门需联同高校共同注重人才的系统培养。相关部门可以制定与文化建设相关的政策并加强宣传,吸引各行各业的人才能够注重本行业与文化相关行业的融合发展。同时,高校可根据实际情况加大对文化相关专业的资金投入,从文化素养、专业素质等方面培育文化从业人才,使其对中华优秀传统文化建设产生浓厚的兴趣,进而主动地投身文化相关行业。其次,文化企业应加强对从业新人的培训力度,使其能够快速掌握本行业的实际操作能力,尽快投身于文化建设,为中华优秀传统文化的创新性发展贡献自己的一分力量。

对于原本便从事文化相关行业的人才,需要健全人才保障机制,使其能够更为安心地投身文化建设。首先,提高薪酬水平。薪酬的高低直接影响文化从业人员的积极性与热情。如若薪酬水平偏低,那么会造成文化从业人员的流失,进而使得文化建设失去重要的主力军。因而,适度提高薪酬水平是一个行之有效的措施。其次,完善考评机制。这不仅是肯定文化从业人员绩效的重要举措,而且能有效激发其积极性,为其提供一个更为透明的晋升渠道。考评机制的合理、公正会在很大程度上影响文化从业人员的工作热情,因而这一机制需根据各个文化企业的具体情况而制定不同的考评标准。薪酬水平的提高与考评机制的完善相互作用,才能最大限度地留住人才。

(八)加深优秀传统文化与国家治理间的融合

加深中国优秀传统文化与国家治理间的融合发展,既要大力探索文化与治理的深度融合,又要加强文化宣传教育,不断提升公民的道德水平,充分发挥中国优秀传统文化在推动国家治理现代化建设中的重要作用。

1.加强文化经济效能,推动二者融合发展

文化对经济发展具有强大的推动力,大力发展文化产业有利于释放中国优秀传统文化在发展过程中带来的经济红利,让其在经济发展与社会治理中焕发出强大活力，更好地发挥它的经济效能，推动中国优秀传统文化与国家治理之间互联互动，实现国家治理现代化。

大力发展文化产业，有利于提升文化软实力、文化竞争力和综合国力，提升中国优秀传统文化在世界范围内的影响力和辐射带动作用。社会文明进程不断推进、道德教化不断深入是促进文化产业发展的前提，通过全面深化改革，加深对文化产业发展的政策扶持，激发全民族的创造活力，建立符合新时代的文化产业发展新格局。要让文化产业与治理深度融合，需要加深对文化内涵的解读，深入认识到文化是产业发展的内驱动力，提升创新创造能力，利用中国优秀传统文化对世界的影响不断开拓海外市场，发挥文化产业富集作用；立足中国优秀传统文化，探索文化产业与高新技术产业的融合发展；通过创新文化载体，向世界展现中国优秀传统文化的魅力，提升中国文化在世界范围内的竞争力；促进中国优秀传统文化与时代发展相结合，加深中国优秀传统文化与国家治理的融合。

中国优秀传统文化中的生态治理思想也对现代社会主义治理模式有重要启示作用，我们在促进经济发展的同时也要注意生态环境，将生态治理与经济发展相结合，有利于处理人与人、人与社会以及人与自然三者之间的关系问题，这也是中国优秀传统文化在国家生态治理中体现的积极作用。随着人类文明的不断发展，文化与政治、经济、社会生活的交融越来越常态化、越来越深入，中国优秀传统文化对政治、经济、社会生活发展的积极影响在一定程度上加快了国家治理体系和治理能力的现代化进程。

总体而言，要加强文化的经济效能，将经济发展与国家治理相融合，推动二者融合发展，既可以发挥文化潜移默化的作用，又可以推动经济的发展；提高创新发展能力，提升文化与生态治理的融合度，充分发挥中国优秀传统文化在绿色可持续发展中的作用，实现国家治理能力现代化。

2. 加强文化教化功能，提升公民道德水平

教育是文化发展的基本方式之一，中国优秀传统文化为中华民族的长远发展提供了强大持久的精神力量，中国优秀传统文化自身魅力的增强能够最大限度地发挥其在教育人民、提升道德水平方面的凝聚力作用。当前，随着经济全球化的发展，各种思想在不断交流、碰撞、融合，古代与现代，东方与西方，如何让中国优秀传统文化中体现的治理思想实现它的当代价值，这样的探索与创新对国家治理具有深远的影响和意义。应充分发挥舆论的引导作用，利用各种舆论宣传载体，客观地阐明各种思想的根源和影响，综合利用各种文化载体并大力整合媒体资源，弘扬中华文化主旋律，继承发扬中国优秀传统文化的思想精髓，坚定文化

第二章　中华优秀传统文化的传承与发展

自信，展现中华文化的魅力。

首先，将对中国优秀传统文化的引导纳入国民教育。第一，要将中国优秀传统文化融入教育体系的全过程，围绕立德树人的基本要求和任务，在将中国优秀传统文化纳入义务教育阶段的基础上，探索满足我国青少年实际和成长认知水平的融合途径。青少年身心发展不完善，价值观还有很强的塑造性，要加强对其的传统文化教育，完善中国传统文化融入教育的有效形式和长效机制，担负起培育新时代社会主义建设者和接班人的重任。第二，要建立中国优秀传统文化学科体系，从学前教育、义务教育再到高等教育，构建符合每个阶段认知水平和成长规律的课程体系，加强课外阅读兴趣的培养，养成良好的文化认知习惯，使青少年在价值观形成的每个阶段都能够充分体会传统文化的魅力。在高等教育中，将中国优秀传统文化的学习纳入高校教学计划，加强对中国优秀传统文化的学习，促进其在校园内的活动，扩大活动载体，创新活动形式，丰富活动内容，使中国优秀传统文化的精神潜移默化地深入学生内心，使其在大学校园中扎根和发展，增强当代大学生对传统文化的认同感，引导他们树立正确的传统文化观。第三，提升继承中国优秀传统文化的责任感和使命感，加强宣传教育，使当代年轻人在不知不觉中受到优秀传统文化的熏陶，通过中国优秀传统文化的丰富营养和强大影响力坚定文化自信，弘扬民族精神，培养高尚的爱国主义情怀和使命感。

其次，要将中国优秀传统文化融入社会生活。文化对人格塑造具有重要影响，注重挖掘中国优秀传统文化的内涵和价值，将其与社会生活相结合，让文化在生活中无形地影响人的发展，发挥文化的社会教化功能，推动社会主义和谐发展。将中国优秀传统文化融入日常生活，通过日常生活加深对中国优秀传统文化内涵的学习，提炼出对促进社会和谐发展具有指导意义的治理价值。重视对社会主义文明意识的培养，提高公民的道德素养，进一步将有益的道德价值观纳入人们的日常生活中。公民政治素养的提升，可加深对国家发布的有关治理措施方案的解读，有益于国家治理体系现代化的发展。

最后，还要将中国优秀传统文化融入家风建设。家风是一个家族世代相传的风尚和作风，代表着一个家族的整体文化风格，体现着一个家族的价值准则，具有强大的感染力。将中华民族悠久的文化传统融入家风建设，一是可以使家庭美德通过家风代代相传，这为塑造良好人格、树立榜样提供了重要支撑。家是国家最基本的单位，家风的建设有益于国家对社会的治理，有利于人民当家做主的实现，增强公民对实施社会治理的政治参与度。二是可以培养良好的家庭美德，增强对道德的认同感，良好的道德修养可以调节和约束个人行为。家风建设是国家治理理念深入社会生活的基础途径，做好家风建设，有助于将中国优秀传统文化中蕴含的"德治"思想融入家庭教育，培养公民的基本道德素养，可以提高公民对社会治理的理解度。

随着经济和社会的发展，加强宣传教育、提升公民道德水平有利于推进国家治理体系和治理能力现代化。因此，应大力加强中国优秀传统文化的宣传教育，加强传统文化的教化功能和辐射影响力，规范人民的日常行为，对建设中国特色社会主义和谐社会具有推动作用。

第三章　中华优秀传统文化与现代文化建设的联系

本章分为中华优秀传统文化与马克思主义转化、中华优秀传统文化与"三观"建设、中华优秀传统文化与社会道德培养三部分,主要包括中华优秀传统文化与马克思主义的关系、中华优秀传统文化中蕴含的优秀价值观思想、社会道德培养的思想基础、社会道德培养的具体途径等内容。

第一节　中华优秀传统文化与马克思主义转化

一、马克思主义指导中华优秀传统文化

实践证明,马克思主义是科学的世界观和方法论,是指导中国革命、建设和改革发展取得巨大成就的法宝,社会主义先进文化建设离不开马克思主义的科学指导。优秀传统文化为社会主义先进文化建设提供了丰厚资源。因此,在新时代运用马克思主义立场、观点和方法指导中华优秀传统文化创新发展是符合文化发展规律和趋势的。

(一)马克思主义是弘扬中华优秀传统文化的理论基础

马克思主义是中华优秀传统文化创新发展的重要理论基础,是推动中华优秀传统文化的转化和创新发展的重要理论依据。从增强民族文化软实力、建设社会主义先进文化等方面来看,马克思主义与中华优秀传统文化都属于先进文化范畴,既是科学指导,也是文化建设的重要资源,是中国特色社会主义现代化的重要组成部分。马克思主义是中国革命、建设和改革的实践理论依据,是我们建设小康社会的重要行动纲领。中华优秀传统文化处于基层的位置,是先进文化的重要组成部分。优秀传统文化的根基是一个民族长期生产实践的结晶,它反映了一

个民族的本质特征和精神品质，对我国的文化建设具有重要意义。当代优秀传统文化要想继承和发展，就必须有与时俱进的理论根基。

在当今中国，只有马克思主义能够在社会主义先进文化的道路上起到领导作用。回顾我国的改革和发展，尽管经过了一些曲折，但是仍然取得了巨大的成绩。实践表明，马克思主义是中国特色社会主义的指导和理论依据。发展中华优秀传统文化必须以马克思主义为指导。

文化具有传承性，它承载着民族的烙印，是文化民族性的体现。任何一种文化的形成，都与社会的发展息息相关，它是社会历史发展的一种反映，它承载着一个民族的优良传统。中华优秀传统文化具有悠久的历史、独特的文化心理与思维模式，是建设社会主义先进文化的宝贵财富。中华优秀传统文化的创新发展要坚持文化发展的规律，坚持正确的价值取向，用马克思主义的科学世界观和方法论不断丰富其内涵。

（二）马克思主义是中华优秀传统文化转化的环境基础

中华文化的传承与发展离不开良好的文化背景与社会环境，坚持马克思主义指导思想，强化文化发展的环境机构建设，是实现中华优秀传统文化发展的现实依据。要按照建设社会主义文化强国的要求，建立与传统文化有关的研究机构，如科研院所、文化书院、研究协会等，以弘扬优秀传统文化，并为其提供科研平台。

根据人民对不同层次文化的需求，不断加强文化公共基础设施建设，如博物馆、纪念馆等来开展各种文化宣传，以更好地满足广大人民群众的文化需要。这些研究机构和展览机构可为中华优秀传统文化的创新发展营造和谐的环境氛围。结合高校课程设置，按照国民教育要求实施让中华优秀传统文化"三进"，即进教材、进课堂、进头脑。通过系列讲座、研读传统经典等形式使优秀传统文化精华与现实生活相适应。在师生品德养成方面，注重加强中华优秀传统文化的道德认知和情感熏陶，强化对中华优秀传统文化的认同感，不断促进广大青年师生对中华优秀传统文化的理解。此外，应使中华优秀传统文化创新发展贴近群众生活，反映群众所需，形成一种双向动力。

通过塑造良好的环境氛围，使中华优秀传统文化发展能够落到实处，真正形成弘扬优秀传统文化精髓的氛围。

（三）马克思主义是中华优秀传统文化转化的制度基础

中华优秀传统文化的转化创新需要强有力的制度支撑才能更好地运行，在社

第三章 中华优秀传统文化与现代文化建设的联系

会发展中产生实际效果或作用。综合国力的竞争需要提升文化的竞争力，中华优秀传统文化为中国特色社会主义文化强国建设提供了优质资源。在中华优秀传统文化创新发展过程中，要不断完善符合现代文化发展的制度保障和体制机制，为中华优秀传统文化转化发展提供创新驱动发展渠道。在新时代树立新的文化传统，对于促进中华优秀传统文化的创新发展是一个重大时代课题。"实现传统道德伦理的创造性转化，一个重要的环节和条件是要确立起一定的制度设置。"坚持马克思主义的科学指导，实现中华优秀传统文化的现代性转换，要有健全开放的制度体系和科学的文化体制规范。在制度体系建设上坚持马克思主义意识形态的指导，深化文化体制机制改革，建立健全中华优秀传统文化研究传播机制和科学有效的管理机制，提升中华优秀传统文化服务于现代化建设的能力，形成中华优秀传统文化创新发展的制度创新体系，使优秀传统文化的转化发展更加科学和规范。

站在新的历史起点上，坚持马克思主义的指导，大力弘扬中华优秀传统文化，不断丰富和发展马克思主义文化观的时代内涵，更好地推进中华优秀传统文化创新发展，提高文化的竞争力。

二、中华优秀传统文化紧密联系马克思主义

具体而言，站在"社会形态更迭的高度来审视"，马克思主义作为科学的理论体系和有力的思想武器，是党和国家各项事业的指导思想。中华优秀传统文化虽然是民族智慧的结晶、人类思想的宝库，但它形成和发展的基础是封建的以宗法制度和血缘纽带为框架的阶级社会，因而，其内在的价值理念、等级秩序和人伦关系等决定了无法超越自身实现引领社会变革。这也深刻解答了为什么在马克思主义传入中国之前，近代以来心系民族危亡的仁人志士无法运用充满治国理政智慧精华的优秀传统文化挽狂澜于既倒、扶大厦之将倾。面对半殖民地半封建的社会性质和推翻压在中国人民头上三座大山的革命任务，只有掌握并运用科学的理论武器，才能唤起民众的价值觉醒，才能找到实现民族独立、人民解放，创建社会主义国家的正确道路。换言之，只有将具有革命性的理论作为指导思想和行动的武器，才能找到一条实现中华民族伟大复兴之路，引领古老的中国开创新的历史篇章，实现不断飞跃。由此可见，以马克思主义作为党和国家的指导思想是理论逻辑、历史逻辑和实践逻辑的统一，将其作为高校思想政治教育的指导思想和理论基础也是题中应有之义。具体到把中华优秀传统文化融入高校思想政治教育的理论与实践创新上来，依然离不开马克思主义立场、观点、方法的指导。只

有坚持马克思主义的指导地位,才能以科学的态度看待民族历史文化,树立正确的优秀传统文化评价标准,找到传承发展优秀传统文化的正确方法路径。从中国革命、建设、改革的历史视角出发,中华优秀传统文化为马克思主义中国化提供了丰厚的文化沃土。将马克思主义同中国具体实际相结合,是党带领全国人民实现站起来、富起来、强起来伟大社会变革,形成毛泽东思想和中国特色社会主义理论体系两大理论成果的重要前提和主要经验。这其中就包括马克思主义与中华优秀传统文化的结合。作为中华民族的文化遗产,优秀传统文化对中国人的思想观念、民族性格、语言表达、生活方式等均产生了深刻的影响。马克思主义在中国大地上落地生根,就要根植于民族历史文化的沃土。马克思的科学性也正体现在其真理性与开放性的统一上。正如恩格斯多次强调的那样,马克思主义的科学理论不是教条,而是"发展着的理论","是进一步研究的出发点和供这种研究使用的方法"。历史与实践已经证明,将中华优秀传统文化与马克思主义结合,推动形成了具有中国特色、中国风格、中国气派的马克思主义,实现了马克思主义的中国化、大众化,不断开辟马克思主义发展的新境界。而马克思主义中国化的理论成果与实践经验,一方面为高校思想政治教育发展提供了科学的理论指导,另一方面也是培育当代青年学生形成坚定理想信念,正确政治认同、历史认同、文化认同的重要内容。这意味着高校思想政治教育既要坚持马克思主义的指导地位,也要充分发挥优秀民族历史文化的支撑作用,提高思想政治教育的实效性。

马克思主义与中华优秀传统文化之间不是相互排斥或者相互取代的关系,而是在具体实践中紧密结合、相互促进的关系。正如陈先达教授所指出的那样,"一个是中国革命和社会主义建设的思想理论指导,一个是中华民族的精神血脉和中华民族的文化之根,应该用历史唯物主义观点处理马克思主义与中国传统文化的关系",坚决反对文化虚无主义、历史虚无主义和文化保守主义。

三、马克思主义与中华优秀传统文化相互契合

在中国历史发展的进程中,马克思主义理论起到了重要作用。马克思主义之所以具有如此巨大的力量,是因为它与中国的现实紧密地联系在一起,其中就包括中国的历史、中国的传统文化。中国优秀传统文化的发展也需要马克思主义的指引,中国优秀传统文化和马克思主义相结合才能迸发出璀璨的光芒。

中华传统文化源远流长,博大精深。中华优秀传统文化是中华民族的精神与根本,它在中华大地上永远闪耀,滋润着中国人民。在这块有着五千多年历史

第三章　中华优秀传统文化与现代文化建设的联系

的土地上，不但有丰富的自然资源，有壮丽的山川、湖泊、海洋等，也有代代相传、经久不衰的精神文化。这些优秀的传统文化经过时间的磨砺和实践的检验，最终成为令中华儿女骄傲的财富。我们每一个中国人，都有责任和义务去守护这个国家的文化遗产。

以现在为基础，以将来为目标，把马克思主义的基本原则和中国传统文化相结合的历史任务交给了我们这一代人。二者的融合是一个复杂的过程，而且存在诸多困难。中国传统文化在新的发展阶段，必须坚持马克思主义的实践观，与时俱进，改革创新，努力发挥其应有的价值，并适应现代化社会，满足人民群众的需求。如果马克思主义脱离了中国的传统，那么马克思主义就会丧失中国特有的文化特性；如果没有马克思主义，中国的传统文化发展也会迷失自己的道路。坚持马克思主义和中国传统文化相结合，推动马克思主义中国化发展，为实现中华民族伟大复兴提供有力的理论支撑。

第二节　中华优秀传统文化与"三观"建设

一、中华优秀传统文化中蕴含的价值观思想

（一）"重义轻利"的人生观

"重义轻利"的思想出现于战国后期，主要论述社会伦理规范与人们物质利益之间的关系，在史书中有孔孟对义利观的描述。孔子曰："君子喻于义，小人喻于利。""君子怀德，小人怀土；君子怀刑，小人怀惠。""饭疏食饮水，曲肱而枕之，乐亦在其中矣。不义而富且贵，于我如浮云。"孔子将持不同义利观的人分为君子与小人，在他的思想里，君子是将义置于个人利益之上的。孟子也谈道："苟为后义而先利，不夺不餍。""君不乡（向）道，不志于仁，而求富之，是富桀也。"孟子的重义轻利思想分为三个层次：先利后义、以利说义、先义后利。纵观历史发展进程，我们可以清楚地了解到，那些重视百姓利益、重视国家安危的君王会被一代代的中华儿女铭记与歌咏。"重义轻利"思想在当今社会依旧重要，从国家层面来说，国与国之间只有尊重交往的准则，重视道义，两国之间才能在和平中发展。人与人之间的交往亦同，贪图小便宜，只顾个人利益的人难以获得持久的朋友。

（二）"整体主义"的国家观

于桂华强调："为社会、为国家、为民族的整体主义思想，是中华民族传统道德中的核心和一贯思想。"中国的整体主义思想主要体现在"公义、公利"，"公义"指的是国家、集体道义，"公利"指的是国家、集体利益。在春秋战国时期，先贤便提出了"尚公"的思想，"以公灭私、民其允怀"（《尚书·周官》），"夙夜在公"（《诗经》）。子张曰："何谓惠而不费？"子曰："因民之所利而利之，斯不亦惠而不费乎？"孟子曰："得天下有道，得其民，斯得天下矣。得其民有道，得其心，斯得民矣。得其心有道，所欲与之聚之，所恶勿施尔也。"以上不同思想都在陈述一个观点，即将民众、国家利益放在首位，从整体角度谈及社会问题存在的原因及解决问题的办法。也正是受这些思想的影响，在历史长河中留下了许多可歌可泣的故事。追寻整体主义思想的含义和起源，我们可以了解的是，整体主义强调的是国家、集体利益，为保家卫国可搁置争议、团结御敌，因此，整体主义思想即爱国主义思想的体现。

（三）"世界大同"的和谐观

世界大同思想是儒家学派的最高社会理想。世界大同思想和儒家最高人格理想是一致的，在儒家经典《礼记·礼运》中是这样描述大同世界的社会景象："大道之行也，天下为公，选贤与能，讲信修睦，故人不独亲其亲，不独子其子，使老有所终，壮有所用，幼有所长，矜、寡、孤、独、废疾者皆有所养，男有分，女有归。货恶其弃于地也，不必藏于己；力恶其不出于身也，不必为己。是故谋闭而不兴，盗窃乱贼而不作，故外户而不闭，是谓大同。"儒家对大同社会做了具体描述，明确了在大同社会里天下是大家的，人与人之间是互助互爱的，每个人都会发挥自己之力，所有老弱病残都有所安置。在这个社会里，所有物品是全民共有，不用私藏，也不会有盗贼偷拿。这样一个大同社会是令人向往的，在不同的历史时期也有人对此提出了构想，东晋时期陶渊明通过《桃花源记》描述了对大同社会的追求，洪秀全以《天朝田亩制度》对大同社会进行了构想，康有为以《大同书》将其思想呈现于世。从前人的思想中，我们可以看到他们在努力寻求一个和谐有序的世界，在这个世界里，社会富足、物尽其用、人尽其才。古代先贤追求的大同社会也正是我们今天所期盼并为之努力的。

第三章　中华优秀传统文化与现代文化建设的联系

（四）"天人合一"的生态观

《春秋繁露·顺命》说："天者，万物之祖。"《史记·屈原贾生列传》说："夫天者，人之始也。"但"天"的本质是什么？《论衡·谈天》说："天，气也。""天人合一"观念中的"天"是指自然而言。《庄子·天道》注："天者，自然也。"《列子·仲尼》说："乐天知命。"张湛注："天者，自然之分。"根据上述思想我们可以知道，天地是世界的本源，天即自然。老子说："人法地，地法天，天法道，道法自然。""天人合一"思想明确了人与自然的关系，指出了人类是生生不息、不断延续的，其观点是人与自然是一个整体，只要遵循自然发展规律方可达到人与自然的和谐，人类才可以生生不息、不断延续发展。"天人合一"思想起源于生产力落后的先秦时期，同时这也和中国自古以来的农耕文明密不可分。"天人合一"思想对于人类的持续发展具有重要作用，随着人类生产力的提高、科学技术的运用，人类开始大肆地破坏自然，这便背离了"天人合一"的生态观思想，人类若长期这样下去必将遭受大自然的报复。

二、"三观"建设的具体举措

（一）强化社会的引导作用

社会舆论、社会环境、社会风气等对"三观"建设起着重要作用。所以，我们要注重加强社会的引导性作用，从而使良好的社会氛围能够对建设"三观"起到助推作用。

1. 加强舆论引导

舆论引导对公众的行为起到了制约作用，"三观"的建设前提是要强化正面的引导，引导社会舆论持续优化。大众媒体对每个人都有广泛的影响，不仅可以拓宽信息的传播范围，而且可以提高教育的及时性。要充分发挥媒体在新闻媒介中的特殊功能，以传播媒介的力量来传播社会正能量，不断强化"三观"的教育。

首先，社会有关部门应重视宣传工作。可以通过在火车站、地铁站、公交站、商场、超市等人流密集地区，用文字、海报等形式进行宣传。

其次，借助新闻广播、电视节目等进行宣传。播放新闻时可以以滚动字幕的方式播放正能量知识，在电视节目如综艺中、广告中等专门宣传和弘扬正确的价值观。

最后，借助新媒体开设话题专栏进行宣传。通过微博、微信、论坛、博客等平台开设相关的话题专栏，就正确"三观"与人民群众进行沟通和交流，引导公众正面思考。

2. 优化社会环境

人们身处社会大环境中，所以要从多方面优化社会环境，以此增强对群众"三观"建设的作用。优化社会环境应着重从以下几方面进行：

首先，优化经济环境。经济全球化的迅猛发展、社会市场经济的快速运行带来了经济进步，但也滋生出享乐主义、拜金主义等思想，萌生出错误的价值取向。这些错误的价值取向蔓延到社会中，会使群众缺乏进取意识，不利于正确的"三观"培育。所以优化经济环境，可以有效抵制经济环境带来的负面影响，减少对"三观"的侵害，为"三观"培育创造良好的社会环境。

其次，优化文化环境。文化对人具有潜移默化和深远持久的作用，营造良好的社会文化环境，对人的全面发展具有十分重要的意义。当今的社会主义文化大繁荣、大发展，百花齐放、百家争鸣，但也存在着由于文化环境复杂而滋生出的腐朽文化、落后文化，所以进行"三观"建设要着重分析社会文化环境，取文化环境之精华，同时也要对落后文化、腐朽文化进行抵制，从而不断优化文化大环境。

最后，优化网络环境。网络犹如一把"双刃剑"，在便捷获取信息的同时，也会面对许多道德失范的不良信息。要加强对网络环境的管理，强化网络防范管理系统，抵制不良信息的传播，不断优化网络环境，这样才能为"三观"建设营造风清气正的网络环境。

3. 发挥榜样力量

在"三观"建设过程中，应选树社会中的模范，充分发挥榜样作用。当今时代，各种传媒形式迅速发展。社会中的各种道德模范人物会通过互联网、报纸、杂志等各种新闻媒体形式被人们关注。人们会对新鲜事物较为关注，所以社会中道德模范的行为举止、道德品质、价值取向等都会感染、影响、指引着群众的认知和行为。很多人也会把社会中的道德模范当成自己崇拜的对象，所以其会对人们的价值判断和价值取向起到引导作用。

首先，发挥社会公众人物的榜样作用。社会公众人物大体可分为两种，一种是主动付出努力而被公众熟知的名人群体，另一种是非主动而被公众推举而成为社会公众人物的群体，例如"劳动模范""感动中国人物"等。人们对自己熟悉的社会公众人物会特殊关注，许多社会公众人物会成为人们效仿、崇拜的对象，他们的道德品质、价值取向等多方面都会对社会群众的思想、行为起着示范作用。因此，要充分发挥社会公众人物的榜样作用。对公众人物而言，需要不断提升自身的思想觉悟、道德素质、友善意识，还要积极为社会出力，通过自己的行为为社会群众提供榜样示范。

其次，加强对榜样人物的宣传。社会要积极选树道德模范，在社会中宣扬道德模范的具体事例，讲述道德模范的高尚品质，让典型事迹对群众产生强大的感染作用。

最后，坚持宣传与学习相结合。社会在对道德模范典型进行宣传的同时，也要寻找各种方式和契机开展对榜样人物的学习活动，适当、适时、实时地引导人们学习先进典型，以此使人们对正确"三观"产生情感共鸣，进而促进人们觉悟的提升以及思想的升华。

（二）突出高校教学的功能

高校思想政治理论课教学是进行大学生"三观"教育的重要课堂，是一种显性的教育模式，是引导大学生"三观"形成的主要渠道。高校思想政治理论课教学具有很强的社会主义意识形态属性，肩负着马克思主义理论宣传教育的重大责任，承担着立德树人的崇高使命，是帮助大学生确立正确人生理想和崇高人生追求的基本途径。当前国内外形势悄然发生着复杂的变化，一些西方国家正不断向我国渗透其资本主义的价值观念，加强思想政治理论课教学是时代发展的必然要求，更是促进我国社会安全稳定发展的重要选择。课程教学是高校教育的主导形式和核心活动，直接关系到大学生人才培养的质量。长久以来，思想政治理论课教学就在高等教育领域中占据着突出位置，其能够有效推进高校立德树人教育使命的实现，不断推动将来高等教育事业的蓬勃发展。正确的"三观"并不是与生俱来的，"三观"的形成与培养是一个长期学习实践的过程。德育课程教学集中反映了人类文明所取得的一系列成果，表现出了非常强大的理性召唤力。当代大学生的"三观"是一种思维方式，并不是天生就有的，需要在后天的不断学习中才会逐渐形成。高校的人才培养不仅仅是向学生传授知识技能，还应该注重他们的能力开发和自我素质的培养，提高他们的道德修养和思维能力。"三观"教育是高校思想政治理论课教学的主要内容。引导当代大学生形成正确的"三观"需要依靠高校思想政治理论课教学而展开。高校思想政治理论课教学是一种有目的、有计划地向大学生进行系统传播和灌输社会主流思想、先进文化的过程，对大学生"三观"形成有着最直接的影响。在培养大学生形成正确"三观"的过程中，必须加强高校思想政治理论课建设，充分发挥其主渠道作用，促进大学生形成良好的思想道德观念。随着每年就业形势越来越严峻,一些大学生开始更加注重本专业知识技能的学习,而对高校思想政治理论课的态度不是很端正,他们对于思想政治理论课时常抱有抵触的情绪,缺乏浓厚的学习兴趣和自主学习能力,错误地认为思想政治理论课的学习对自我发展没有多大用处。为了应对这种现象的发生,高校应该对思想政治理论课教学采取行之有效的办法和措施,全面优化教学方案、创新教学模式和改进教学方法等多种举措并行,进一步提高思想政治理论课教学的实效性,促进大学生形成正确的价值观念。

(三)重视家庭熏陶的影响

"家庭作为社会的细胞,是社会对个体实施思想政治教育的重要途径,也是个体接受思想政治教育的初始场所"。家庭对孩子的健康成长具有主要的熏陶性,所以家庭教育、良好家风、家庭氛围对孩子的友善教育具有十分关键的作用。

1. 家长言传身教

父母是孩子的第一任老师,也是孩子最长久的老师,父母的言传身教是一种有效的"三观"培育方式。家长要明确教育目标,以身作则为子女树立友善榜样,也要不断优化教育方式。

首先,家长要明确教育目标。在家庭培育层面,家长自身要意识到"三观"培育的重要性,改变传统的只重视孩子智力发展,而忽视孩子道德教育的错误观念。家长要在重视子女学习成绩的同时,认识到培育子女"三观"教育的重要意义,明确对子女的"三观"教育目标,重视培养子女与人为善、尊重他人的品质,在日常小事中对孩子进行"三观"培养。

其次,家长要以身作则。"正人先正己",家长在教育孩子要与人为善、尊重他人前,要使自己成为一个品质高尚的人,如家长自身要尊老爱幼、夫妻和睦、邻里团结、孝敬长辈。家长的榜样示范作用是孩子正确"三观"形成的重要驱动力。在家庭中,家长要保持精益求精、追求上进、终身学习的态度,为子女树立榜样。

最后,家长要不断优化教育方式。家长要避免盲目溺爱子女,要学会在精神层面上给予子女关怀和爱护,着重培养孩子的道德品质和正确的价值观,进而加强他们的"三观"建设。同时,家长在教育子女的过程中,要学会循循善诱,以温和、理性、客观的方式引导其积极向善,从而提高对其"三观"的培育效果。

2. 营造和谐氛围

家庭关系主要包含夫妻关系及亲子关系,而营造和谐友善的家庭氛围需要夫妻之间相互尊重、相互包容，亲子之间要加强沟通、平等交流。

首先，夫妻之间相互尊重、相互包容。夫妻之间的相互尊重、相互包容是营造和谐友善家庭氛围的必要条件。父母亲要有意识地营造和谐氛围，让子女在温馨、友善的家庭氛围中成长。这样才能利于子女正确"三观"的形成。

其次，亲子之间加强沟通、平等交流。家长与子女之间要经常沟通，这样有助于家长了解子女在日常的生活、学习中所遇到的问题和困惑，及时并积极地引导子女正确思考。亲子间经常进行沟通能够使子女从中感受到家长对自己的爱护、关心，更加有利于形成一种和谐的家庭氛围。

此外，家长与子女进行沟通交流时要遵循平等原则，家长要避免专行独断的态度，在遇到双方看法和意见不统一时，家长要学会理解子女的想法、尊重他们的意见，这样有益于形成一种良好的家庭关系。只有形成良好的家庭关系，让孩子成长在和谐的家庭氛围中，"三观"培育的目标才能得以实现。

第三节　中华优秀传统文化与社会道德培养

一、社会道德概述

（一）社会道德的含义

社会道德是指公民为维护社会正常生活和交往所共同遵守的道德规范和准则。社会道德的主要内容包括文明礼貌、乐于助人、保护公物、诚实守信、遵纪守法、是非分明、刚正不阿。它把人与人、人与社会之间的关系都涵盖其中，贯穿于社会生活的各个层面。社会道德的产生和完善主要得益于公共领域的分化和发展，其中心思想建立在自觉、平等、尊重的基础之上，其形式主要以公民之间的态度、习惯、行为、心理表现出来，它是人民公共生活中的道德规范，源于生活而高于生活，既在平时的生活方式中体现，又是整个社会的共识。

（二）社会道德的功能

1. 维护共同利益

社会道德是特定的社会群体为维护和满足他们自身的共同利益而具有的所有道德属性的总和。我们可以看出群体的共同利益是社会道德的重要内容。在社会中，除了共同利益，还有个人利益，而二者是对立统一的。正是由于二者的对立统一性决定了个人在实现自身发展和维护个人利益时，要首先考虑群体的共同利益。因为只有首先考虑和满足群体的共同利益，才能真正实现个人发展和满足个人利益的需求。如果个人在追求自身发展时，损害了群体的共同利益，那么就无所谓个人利益了。因此，个体要首先遵循群体利益的制度、规范、习惯等来作为自身发展的道德需求。正如恩格斯所说："部落始终是人们的界限，无论对其他部落的人来说或者对他们自己来说都是如此。部落、氏族及其制度，都是神圣而不可侵犯的，都是自然所赋予的最高权力，个人在感情、思想和行为上始终是无条件服从的。"维护群体的共同利益是人们必须自觉遵守的行为道德准则。因此，维护群体的共同利益是社会道德的价值追求和重要功能。

2. 协调各方利益

在现代社会中，存在着各种各样的不同利益，有国家利益、集体利益、群体利益、个体利益等。不同的利益主体都从自身的利益出发去从事社会活动，他们通过从事或参加这些社会活动来满足自身利益的需要和实现自我价值。在人们参与社会活动时，或多或少都会发生利益的冲突或矛盾，而社会道德就是为解决这些冲突、矛盾而存在的。社会道德通过规范人们的行为而避免冲突的产生和激化，它可以确保社会正常的发展和维系社会良好的关系。社会的存在和发展需要社会意识。而社会道德作为一种社会意识，一种价值追求是为社会存在和发展服务的，社会道德的存在始终与利益相伴，它始终围绕利益而展开，当人们因为利益争夺而发生矛盾或冲突时，社会道德的协调利益功能就显得很有必要了。社会道德用"如何去做""应该怎么做""不应当"的道德准则和规范来平衡各种利益。它的协调利益功能表现在找到各种利益冲突的平衡点，并用这个平衡要素来解决各方利益冲突从而满足不同利益主体的利益需求。

3. 维系社会稳定

社会道德的维系功能是指社会道德在群体的政治、经济、文化、生活等各方面所起的维护作用。从古至今，就有很多思想家研究社会道德的维系功能。

孔子认为，社会道德作为统治阶级维护统治的工具，只要统治阶级加以掌握，就能更好地进行统治。同时，孔子指出，统治阶级的责任在于认真践行社会道德准则，并以此来规范本国人民，以德治国是统治阶级维系其统治比较理想的方式。

教育家蔡元培认为："重秩序，故道德界唯一之作用为中。中者，随时地之关系，而适处于无过不及之地者也。是为道德之根本。"社会道德的重要功能之

第三章 中华优秀传统文化与现代文化建设的联系

一就是维护社会秩序的稳定和社会和谐的发展。

伏尔泰认为，人类社会的存在和发展必须遵循一定的原则，而这样的原则就包括社会道德的基本准则。

没有社会道德的社会不能称为完整的社会，也不是真正的社会。社会道德是一个社会存在和发展所必需的东西。这是因为社会的生产和再生产都是由人类组成一定的群体或者社会组织而进行的。这些群体和社会组织必须在遵守一定的秩序和行为规范准则的前提下才能有序进行生产及再生产，否则，将会出现冲突与矛盾，甚至造成社会混乱。社会道德就是通过这种社会秩序和行为准则来约束社会成员，以维护社会稳定和促进社会和谐发展。

4. 促进社会发展

事物是发展的，社会也是这样。我们不能只追求和维系社会的稳定，更重要的是促进和推进社会的进步。只有促进和推进社会的发展，才能更好地把握时代的脉搏和社会前进的方向，才能更好地保障人们的生活。社会道德恰恰就具有这种促进社会发展的特性。社会道德作为一种社会意识，是促进社会发展的精神动力，同时也是促进社会更好、更快发展的重要力量和手段。

社会道德这种外在的社会法则日益转化为社会成员的内心法则，成为社会成员价值追求的核心部分，并以此提高了人类的精神境界，促进了自身的完善和全面发展。关于社会道德促进社会发展的这一功能，很多学者都有论述。

在谈及社会道德促进社会发展的功能时，蔡元培这样说："道德之效，在本诸社会国家之兴隆，以增进各人之幸福。"从大的方面来说，社会道德的功能是推进社会和国家的兴旺发达，从小的方面来说，是促进社会成员的生活幸福。

社会道德在促进社会发展方面发挥着重要作用。康德曾这样感慨："有两种东西，我们愈经常愈反复地加以思索，它们就愈给人心灌输了时时在翻新、有加无已的赞叹和敬畏：头上的星空和内心的道德法则。"

（三）社会道德的建设

道德建设是指在一定道德理论的指导下，遵循道德生成和发展客观规律，对全体社会成员展开的、以提升人们道德水平及社会文明程度为目的的现实的、动态的道德活动。从本质上来说，道德建设是一个社会的统治阶级基于所处社会经济发展状况，对自身所认同的道德价值体系进行主动构建的过程。这个构建活动并非随心所欲，这是因为道德建设作为一种主观见之于客观的活动，本身就具有历史性、阶级性及实践性。一个社会不同历史时期的道德建设必然有所不同，同一社会中不同阶级的道德建设也不尽相同。无产阶级道德建设与资产阶级道德建设的明显区别就在于坚持不同的道德原则，前者以集体主义为基本原则，后者奉行个人主义道德原则。同时，道德建设还有实践性。一般来说，道德建设总是围绕社会发展历史阶段性任务来展开具体活动。我国的道德建设是中国共产党领导下的社会主义性质的道德建设。新时代道德建设坚持马克思主义道德理论指导，以集体主义为基本原则，以为人民服务为核心内容，以"五爱"为基本道德要求，以提升人们道德水平及社会文明程度为道德目标。

社会主义道德与社会主义道德建设，虽只有两字之差，意义却不尽相同。前者是一种道德理念，后者是一种实践活动。社会主义道德是社会主义性质的道德，是一个名词性概念；社会主义道德建设是对社会主义道德加以建设，是一个动词性概念，体现为一种实践活动。社会主义道德侧重强调道德的社会性质，它是建立在社会主义公有制经济基础上的道德形态；社会主义道德建设则是对社会主义道德进行构建的活动，体现出强烈的过程性与实践性。过程性主要表现为社会主义道德建设主体在道德理念的指导下进行的对象性道德实践活动；实践性主要体现在社会主义道德建设必然要以社会主义道德的认知水平及实践水平的提升为直接目标。从这个意义上来说，二者存在一定的交叉关系。社会主义道德为社会主义道德建设确立基本目标要求，而社会主义道德建设则是国家为提升人们社会主义道德水平及社会文明程度而组织实施的一种实践活动。

二、社会道德培养的思想基础

（一）以中华优秀传统文化提升历史底蕴

一是增强儒家优秀传统文化的底色。中华文化经过了五千多年的积淀，不断凝结、升华而形成了伟大的优秀传统文化，其中，儒家是中国传统文化最重要的代表之一。儒家的道德伦理精神充分体现了中国文化特质与文化方向，在历史的发展过程中，儒家文化逐渐成为中华民族精神的灵魂与主脉。儒家文化博大精深，源远流长，以孔子为代表的儒学大师更是中国道德教育的先驱，他们有关道德教育的思想理论和具体实践是我国道德教育历史中的宝贵财富。儒家自我道德修养思想就是儒家思想宝库中的一块瑰宝，历经中华民族几千年"衰而复兴，蹶而复振"的坎坷风雨，显示了强大的民族"聚合力"，从而被全世界所瞩目。因此，这就要求我们将当代中国的公民道德建设与优秀传统文化，特别是儒家优秀道德思想对接起来，从儒家思想中汲取合理的成分加深公民道德建设的历史底色。

第三章　中华优秀传统文化与现代文化建设的联系

二是坚持优秀传统家庭道德教育思想的创新性转化与发展。不忘本来才能开辟未来，善于继承才能更好创新。传统家庭道德教育思想在我国历史各个时期一脉相承，是在前人道德文化精髓基础上的发展。其中，儒家家庭道德教育思想最为深入。传统道德教育思想的流传形式为各式的家规、家训名言，这些家规、家训是其得以传承至今的物质载体。传统家庭伦理中存在着与现代家庭伦理相通的文化积淀，即某些最基本的家庭道德理念。这些家庭道德理念在社会实践生活当中逐渐被人们认可与接受，构成了促进社会发展的人文资源。作为中华传统文化的一部分，传统家庭道德教育思想需要进行符合时代要求的创新性发展，因此，要深入挖掘其中宝贵的思想内核价值。总体而言，传统家庭道德教育思想存在着时代局限性，要以新时代公民道德需求为关键，继承合理思想并转化发展，将其运用于大学生公民道德建设。

三是坚持继承优秀革命道德成果与解放思想的与时俱进。马克思曾提道："理论一经掌握群众，也会变成物质力量。理论只要说服人，就能掌握群众。"中国传统革命道德是随着实践不断发展的，是在革命过程中逐步被人民群众认同的。例如延安精神、长征精神、红船精神等传统革命道德具有强大的现实力量，助推了新时期改革开放的伟大胜利，更为全面建设现代化强国提供了强大的智力支持。中国传统革命道德在每个时期和每个阶段的表现内容并不相同，但本质是一样的，有着强劲的信仰力和顽强的生命力。中国传统革命道德不是一成不变的，而是在继承原来的基础上不断吸收新的理念，迸发出源源不断的生命力。正是由于中国传统革命道德具备稳定性，亦会在中国特色社会主义新时代吸收先进的道德品质发展自己，并促进公民道德发展，把优秀的道德品质深深植根于大学生的思想道德观念。21世纪的大学生是在我国改革开放和建设中国特色社会主义历史时期中成长起来的一代，是承上启下的一代，应当义不容辞地继承五四运动以来我国青年早已形成的"爱国、进步、民主、科学"的优良传统，继承革命先烈和无数仁人志士开创的优秀革命传统。这些优秀革命思想都是与大学生的思想道德素质息息相关的。

（二）始终坚持以马克思主义为指导

当前，我国经济发展迅速，但在新时期，仍然存在着矛盾多发、利益多元、观念多元等问题。马克思主义尊重差别，包容各种不同的观点，它的诞生，正是为了实现全人类的解放，实现全人类的自由、平等和发展。马克思主义引导其发展，这既是历史的必然，更是现实的呼唤。因此，党和国家始终坚持将马克思主义与我国具体国情相结合,形成了当今时代具有中国特色、中国风格和中国气派的社会主义核心价值体系。

总之,牢牢把握马克思主义科学指导下的社会主义核心价值观,是推动和谐社会健康发展,提高全社会的思想道德素质和文明程度的重要力量。这就要求我们加强马克思主义中国化研究,始终坚持在建设中国特色社会主义的伟大事业中以社会主义核心价值观为价值引领,引导大学生树立正确的社会主义价值理念,以推动大学生公民道德建设事业不断向前发展。

马克思主义继承与发展了人类思想与文化优秀成果,吸取了其中宝贵的内核理论,是无产阶级思想的科学体系,内容涵盖了人类社会、自然界、人类思维等多方面的内容,涉及政治、经济、历史等诸多领域。马克思主义从不简单地将自己与其他思想文化对立起来,而是不断地从人类既有的文化成果中批判性地继承、创新,从而使整个理论体系处于不断的、与时俱进的发展过程当中。科学的马克思主义理论不仅包括马克思、恩格斯创立的关于马克思主义的基本理论、观点与方法,也包括列宁对其的继承与发展,以及由中国共产党将其与中国具体实际相结合而丰富发展的中国化的马克思主义。由此可见,我们在公民道德建设、理论建设的过程中必须学会坚持马克思主义指导思想,尤其是在大学生公民道德建设的实践活动中,必须毫不动摇地在意识形态领域中坚持马克思主义的指导地位。

世界上的文化具备多样性,其中包括很多优秀的和谐文化思想,它们经由世界各国人民不断发展和传承,是全人类所共有的不可多得的精神财富。历史和现实证明,只有加强交流和沟通,才能促进不同文化的共同发展,道德亦如此。马克思认为:"人们自己创造自己的历史,不是随心所欲地创造,而是在直接碰到的、既定的、从过去承继下来的条件下创造。"中国社会主义事业是在世界历史背景下进行的一项前无古人的伟大的创造性事业,要吸收与借鉴人类一切优秀的文明成果。

每一个国家和民族的文明都有其宝贵的地方,大学生公民道德建设思想理论要懂得借鉴优秀外来成果,但要坚持三个基本原则:一是学习一切民族、一切国家的长处并为我所用;二是学习外国的科学技术文化并辩证地对待它;三是要与中国大学生公民道德建设相结合。总的来说,要懂得吸收与借鉴人类社会创造的道德文明,改变那些不合理的社会关系,为实现人的自由全面发展提供良好的道德基础。人类文明正因为是多样的、平等的、包容的,才有交流互鉴的价值、前提和动力,这是推动文明交流互鉴所应秉持的正确态度和原则。大学生公民道德

第三章　中华优秀传统文化与现代文化建设的联系

建设工作与当代人类文明发展的方向、要求是基本一致的，进行大学生公民道德建设实践活动也决不能离开人类社会文明发展的一般趋势、一般规律及其优秀成果。

（三）坚持社会主义核心价值观的价值引领

一个人具有崇高的理想信念，才会产生强烈的社会责任意识，树立崇高的理想和信仰是大学生提升公民道德的最高道德指引。任何一个社会都存在多种价值取向，如果没有共同的核心价值观念，社会就缺少了维持发展的稳定器。社会主义核心价值观包含培养怎样的公民的科学内涵，是社会公民道德建设的基本思想引领。当今时代，人们的价值观念多样化，要坚持以社会主义核心价值观作为大学生公民道德建设的思想价值引领，增强大学生精神文化力量。大学生要树立崇高的理想和信念，要有辨别是非的能力，要自觉地把那些不合时宜的思想观念丢弃，包括对马克思主义理论的错误认识与教条式运用，增强对物质世界的客观认识与辩证思维；要具有现代社会的基本文明素养和审美能力；要具有正确对待我国传统文化和民族精神、正确对待西方文明和西方思维的能力。大学生要将社会主义核心价值观的价值理念与大学生公民道德素养的具体要求相结合，将社会主义核心价值观的理念内化为他们的精神追求，将核心价值观的二十四个字融入生活的方方面面，在日常生活中感知和践行，形成道德自觉的好习惯，筑牢核心价值观的思想根基，进而铸就科学的大学生公民道德价值理念。

三、社会道德培养的具体途径

（一）家庭方面

1. 中华优秀传统文化中的"家文化"
（1）家训文化

家训文化的重要表现形式即为家族祖祖辈辈传承下来的训示教诲，主要由祖辈、父辈向子辈、孙辈传授和讲解。家训是对家庭成员行为准则的指导以及规范约定，是优秀的家庭思想政治教育的教材，也是中华民族优秀文化、道德素养以及价值观发扬和传承的重要载体。

家训为家庭成员的道德构建提供了要求和标准，是典型的中国传统的家庭道德教育形式，因家庭是由血缘亲疏而组成的纽带式结构，其中所蕴含的道德标准和处事原则更容易被家庭成员接受和认可。不同时代的家训体现着其所在时代背景中的主流价值观，是对大众一些行为的整体约束和规范。家训是祖辈为后代而作，注重个人人生价值和道德发展，与家族或家庭总体规划相适应，同时家族中的老人和父母又会根据子女自身特点和当时的社会主流价值观，积极引导和规范子女的言行，对子女的道德和举止都有详细的要求和指导。家训多来自家长的亲身体验和经验总结，是一定生活经历和经验所得的具体传习。家长首先应以家训率先垂范，进而依据家训对子女进行约束和教育引导。家训作为一种训诫和规定，是对大学生进行思想道德教育的成文材料。

（2）家德文化

家德文化是指家庭道德建设，其中的重要部分是家庭美德，它涵盖了家长与子女、夫妻之间以及其他家庭成员之间的交往模式和规范。近朱者赤，近墨者黑，勿以善小而不为等思想都是强调积少成多、聚沙成塔，让人在潜移默化中亲近美好、远避罪恶。孝道文化是家德文化中的重要内容，也是社会道德建设的重点内容。孔子认为，孝道是德行之根本，应是王道教化赖以产生的基础。孝在中华优秀传统文化中占据重要的地位，对家庭建设和国家建设有极大的影响力，一个人如果不孝顺父母、不亲近兄弟姐妹、不与邻为善，那么他就在很大程度上是一个不讲道德、素养较差的人，何谈治理国家和建设祖国。家德文化主要是一种调节夫妻关系、父母及子女关系的道德规范，重视培育一个人的德行修养，是家德文化建设的基本内容。

（3）家风文化

家风是一个家族经过世代经营、生活生产、繁衍，在发展壮大过程中形成的独特的风尚或风气，具体体现为一个家族的生活作风、处事原则、情操以及价值观。"中国导弹之父"钱学森的家族，自唐末以来便人才辈出，载入史册的便逾千人，良好的家风容易让子孙后代耳濡目染，深受影响，把读书和学习当成再平常不过的事情。这样的例子举不胜举。新时代，家风中还蕴含党风、政风以及世风、民风等，家风文化是推动中华文明创新壮大的重要力量。

中国特色社会主义建设需要充分吸取优秀传统家风文化，打造符合时代精神、契合古典家风和优秀传统文化的氛围，为家庭建设、世风培育以及社会道德教育提供文化支持和精神动力。家风家教应以学校教育体系为依托，发挥德育功能，推进传统家训创造性转化、创新性发展。将传统家训编入课程，纳入教学计划，形成完整的家训课程体系，构建家训教育的基础，培养大学生正确的世界观、人生观和价值观。

第三章　中华优秀传统文化与现代文化建设的联系

（4）家礼文化

家礼文化广义上是指家庭生活中的礼俗、礼仪标准以及家庭道德生活准则，而狭义的"家礼"应是指有别于家德标准的家庭礼仪。中国自古以来就十分重视礼仪，以礼相待、以仪寓教是我国文教事业的宗旨。在家礼文化发展史上，具有典型文本性影响力的是朱熹的《朱子家礼》，其中载，"凡礼有本、有文。自其施于家者言之，则名分之守、爱敬之实，其本也。冠婚丧祭、仪章度数者，其文也"。朱熹认为"名分之守、爱敬之实"是家礼文化的本质特征和主要内容，《朱子家礼》对家庭成员之间应遵守什么样的礼仪都做了记述，对新时代家庭思想政治教育具有借鉴意义。良好的家庭礼仪在一定程度上能够演化为家教，能够更好地维系家庭生活的秩序，对家庭成员关系的调适和子女道德品质培育发挥着重要的作用。

（5）家学文化

家学文化通常是指一个家庭把自己所吸取知识和文化的研究方式浓缩为一种精神或方法，通过家族的传承培养孩子良好的学习习惯。中国人特别重视积累和传承，祖辈总是会把他们的独门技艺传给后代，"家学渊源"往往就是来形容此种情形的。家学文化可使家庭更早地对孩子进行启蒙教育，比如许多家庭从小就重视对孩子智力发展和艺术素养的培养。在古代，民间精湛的制瓷技艺、传统的磨豆制浆等手工艺，往往都是由家庭代代相传，许多科学研究成果及思想方法在家族后代子孙的传承中发扬光大。

（6）家规文化

家规文化由来已久，是每个家庭在潜移默化中形成的、家庭内部约定俗成的行为规范。家规文化作为一种行为规范，不同于家风、家德这种隐性因素，是实实在在存在又扎扎实实落实的一种约定，是中国优秀传统文化的重要组成部分。父母以及子女的价值观念、行为习惯等共同彰显着这个家庭的基本家规。每一个家庭成员都有指导各自行为的价值判断标准，指挥自己承担相应的责任和义务，而家规则更加明确，有指向性地规范了具体的操作和行为。家规是一个家庭文化的制度体现，其主要的目的在于提升个人的修养，引导子女明白做人和处世的标准。

规范的家庭文化具有强大的约束能力，它旨在通过增加家庭成员的社会责任和学习家庭规则来满足家庭成员的需求。爱和认同是营造和谐家庭文化的两个关键因素，当一个家庭充满爱和责任时，它会影响他人并产生责任感。家庭是社会这个大家庭的成员，家庭和谐与国家安全相辅相成，可以通过家庭和谐保持整个社会的和谐。家庭规则文化定义了家庭成员行为的范式。它提高了人们的心理预期，控制和规范自己的行为，实现自身规范和习惯的完整性和持续改进。

2. 家庭中的道德培养

家庭是现代人接受道德教育最早的地方。人的健康发展要求世界观、人生观、价值体系必须统一以及稳定。高尚品德必须从小开始培养，从娃娃抓起。家庭道德教育主要是指教育者，也就是父母及其他家庭成员把一定的道德规范、思想意识、政治观念转化为受教育者品德的一种教育活动，主要包括道德教育、思想教育以及人生观、世界观教育等诸多方面，其核心是品德教育。应在子女懂事的时候，深入浅出地展开道德启蒙教育；应在子女成长的过程中，循循善诱，以事明理，鼓励其分清是非、鉴别善恶。

（1）完善以德为本、德才兼备的教育

家庭道德教育最主要的目的在于教其做人，但是受传统文化"学而优则仕"观念的影响，一部分家长希望子女能够光耀家门，对子女寄予厚望，这种期望就转化为子女的"成绩单"，甚至有人直接用成绩来衡量别人优秀与否，这就导致了家长根深蒂固的重智轻德观念，使得一部分家长身上出现了过度重视"智育"的现象。这一部分家长认为只要孩子成绩好，其他方面的问题都可以忽略不计。于是，他们不顾孩子的兴趣爱好，根据有利与否给孩子报名了各种培训班，这种过度重视"智育"的行为往往产生多种结果：一是孩子迫于家长的压力，选择服从，这可能会影响孩子自主能力和创新能力的发展，不利于孩子的全面发展；二是可能会使孩子产生"逆反心理"，如厌学等情绪，有的甚至会对父母产生怨恨的情绪，无论哪一种结果都会对孩子的身心健康发育产生不良的影响。过度地重智轻德甚至可能会导致一些孩子高分低能、智优德劣，这一部分孩子在进入社会后不懂得如何与别人相处，更无法体会与人为善等道德观念的深层含义。

（2）采用因材施教的教育方法

就像世界上没有完全相同的两片树叶，也没有完全相同的两个人。处于不同年龄段的人由于接触到的环境、自身的因素等会存在差异，相同年龄段，由于生活的环境、接受的教育不同也会存在差异，如果年龄一样、生活环境一样，也可能会因为心理因素产生不同。简而言之，子女之间客观存在差异性，因此家长要根据实际情况，根据子女不同年龄、不同特性的现实来对子女进行教育。正视差异是家庭道德教育过程中尊重客观规律的表现。孔子最早提出"因材施教"，梁启超将这一方法运用到对子女的道德教育过程中，他熟悉各个孩子的脾性，由此入手，采取不同的教育方式调动其积极性，将每个子女的长处发挥出来，最终使孩子们都养成了良好品德。

在日常生活中，父母可以根据子女的实际特点来进行教育。比如，有的孩子比较自信，性格张扬，就需要批评式的教育，让他能够适当地接受一点"冷水"的冲击，保持冷静，不至于迷失自我；有的孩子胆怯不自信，这时候就需要鼓励式教育，在点滴小事中对他提出表扬，从而帮助他建立自信心。只有清楚地认识子女的特点，才能因材施教，才能发掘子女不同的潜能。

（3）创建民主道德教育环境

当代社会的家庭教育中，在抚养孩子时，家庭成员之间常常无法形成合力，导致家庭教育效果不理想。一方面，由于工作较忙，家长之间教育分工有时会不明确。另一方面，祖辈照看孩子时，会比较纵容孩子，无法建立宽严结合的道德教育环境。

适当的亲子沟通能够建立和谐稳定的亲子关系，维护好的亲子关系，需要投入大量的时间与精力。只有在朝夕相处后，家长的个人道德品质与行为规范才会影响孩子。家庭成员之间互相配合，也能较好地实施家庭道德教育，有利于创建宽严结合的道德教育环境。

批评与表扬相统一，创造宽严结合的教育氛围。教育中常见的问题就是溺爱。当父母在教育孩子时，不能溺爱孩子。溺爱孩子的家长常常会纵容孩子一些不道德的行为，导致孩子不能形成正确的道德意识。家长需要将批评与表扬相结合，既要肯定孩子好的一方面，也要及时批评、阻止不良的一方面，使孩子形成完整的、积极向上的人格。

家长要注意保护子女的自尊心，创建民主平等的道德教育环境。在交流过程中，要注意考虑孩子的自尊心问题，不要采用简单粗暴的方式教育子女，避免愤怒的情绪影响到孩子的成长。当孩子需要倾诉时，家长能够选择倾听的方式，积极理解孩子的想法，采纳孩子的建议，使孩子感受到自己生活在一个民主的家庭，愿意更好地接受父母的教育。

（4）增强家长家风建设意识

家风、家训是整个家庭发展的精神支柱，体现着一个家庭基本的价值理念，更是国家精神文化的缩影。家风是社会风气的一部分，家风建设除了需要每个家庭成员的努力以外，同时也需要政府、社会、学校等力量的支持。媒体要通过各种方式对家风、家训的重要性进行宣传，使家长增强家风建设的意识。

小家的发展关系到国家的发展，媒体要宣传家风是我国社会主义核心价值观的直接体现。积极培育文明、公正、诚信、友善等道德品质，对学生道德培养有正面的影响。家长应该意识到做好社会主义核心价值观的培育对建设良好家风的重要性。

家训是家庭内部约束力的体现。自古家训的主要内容是祖辈结合自己的生活经历，所撰写的有利于教育子女、规范子女的规范。应该多宣传我国传统家训中优秀的代表著作，使家长能够重视家训在家庭道德教育中的积极作用，让家长学会如何治家教子。

主流媒体是传播家风的重要平台，新媒体是宣传家风的重要力量。政府要加强媒体对家风、家训建设的宣传以及推广。与当代备受欢迎的选秀节目相比，对于优秀家庭模范的宣传较少，媒体可以选取一些优秀家庭模范以及道德模范作为素材，对他们的家风、家训进行详细报道，弘扬其优良的家风、家训。新媒体给人们的生活带来了巨大的改变，更要建立正能量的网络生态，进行道德方面的引导，做好舆论导向工作。

（二）学校层面

1. 学校的教育

学校历来是传授文化知识的专门场所。19世纪以前，学校主要承担古典文化知识教学。19世纪之后，工业革命使自然科学迅速发展，科学文化知识成为学校教学最重要的内容，并在科学主义的旗帜下逐渐形成制度化的学校教育体系。

2. 学校中的道德培养

（1）加强爱国主义、集体主义、社会主义教育

爱国，是一个人的立德之源、立功之本。孙中山说："做人最大的事情，就是要知道怎么爱国。"爱国主义情感不是狭隘的民族情绪，是对本民族历史与未来的认可，对于大学生而言，促进公民道德素质建设要以强烈的爱国主义为基石。作为新世纪的中国人，爱国主义不是空洞抽象的。爱国主义对于大学生是一种深厚情感，更是一份对新时代的责任担当，是一种付诸实践的情感。另外，对于大学生来说，强烈的正义感是一个人品德素质中的支撑因素。培养青年的正义感，能够帮助大学生抵制社会不良物欲的诱惑。

首先，要确立思想认识，即必须把爱国主义教育作为学校德育工作中永恒的主题。大学生是树时代新人的关键客体，要让大学生深刻了解国家发展的历史与未来，以新时代中国特色社会主义现代化建设为己任，担当起中华民族伟大复兴

第三章 中华优秀传统文化与现代文化建设的联系

的历史使命。因此，无论在哪个阶段，学校都要突出爱国主义教育。其次，构建校内、校外两个爱国主义教育框架，促进校内、校外综合聚焦于爱国主义教育，形成内外交叉的综合机制。最后，抓好教材的爱国主义教育。大学马克思主义理论课教材应进行必要的修订，突出爱国主义教育，并尽快稳定下来。

爱国主义教育的关键是通过实践落实，帮助大学生学习祖国历史，认同祖国价值理念，增强爱国主义实践意识，激励大学生从内心深处真正认同爱国主义，尊崇社会主义核心价值观。因此，必须抓好学校爱国主义教育系列制度规范建设，实行多层面、多渠道、全方位的爱国主义教育。要引导大学生参加实践活动，在义务劳动中增强自身爱社会、爱集体、爱祖国的深厚情感。同时，要教育大学生自觉维护国家利益，不做危害祖国、社会的事，并敢于和损害国家利益的行为做斗争。爱国主义与集体主义是共通的，学校要在党中央的领导下正确进行集体主义与社会主义教育，即通过学生党建工作、学生集体活动等开展集体主义、社会主义教育。当然，在强调集体主义的原则下，也要适当满足学生的个体利益和个性需求。

（2）将价值理性和工具理性相统一，融入学生日常生活教育与管理

个体道德与生活道德有着密切联系，"任何人，他在生活中接受的教育，是他一切知识、情感、意志、能力等方面发展的前提"。人们物质交往与精神交往的活动源于个体的真实世界，在互动的过程中，个体与社会需要适时的道德观念，如自由平等、诚实守信等。这些道德观念不断融入，逐渐形成相对稳定的个人品质，所以大学生公民道德建设要符合现实世界需要才具有科学性。大学生公民道德建设固然需要理性，但过于片面强调理性，必然会导致工具理性主义侵蚀大学生公民道德，即忽视情绪感受能力和情感表达能力的培养和发展。因此，高校要以价值理性和工具理性相统一，融入大学生日常学习生活中，即在具体工作中通过有目的、有计划、有总结地开展健康、愉快、生动、活泼、丰富多彩的文化娱乐和体育活动，使学生树立正确的世界观、人生观、价值观。同时，作为学生管理者，要时刻注意学生的思想动态，在工具理性的基础上，牢牢把握住价值理性，重新呼吁优秀的传统道德品质，紧紧围绕不仅追求"真"，还要获取"善"和"美"的道德境界，利用价值理性提升道德品质。总而言之，大学生公民道德建设必须引导大学生学会自我协调理性与情感，通过理性与情感相互融合的方式，做到在现实道德实践过程中情理融合，完善道德品质。

（3）充分利用思想政治理论课的教育作用

思想政治理论课教学在学校思想政治教育中起着核心作用，有利于促进社会

主义精神文明建设，为培养大学生的道德素质与政治素养奠定坚实的基础，为国家输送"四有"型人才。首先是要注意理想教育和现实取向相统一。相关道德课程教育要跳出理想要求，立足学生当前能够接受的程度，做到可能性和现实性的统一。要观照大学生真正的生活，运用大学生喜闻乐见的教学方式、教育内容和案例等，用心、用情、用功上好道德教育课，发挥好道德教育课实效，完善好道德教育课呈现方式。其次要注重理论与实际相结合。思想政治理论课教师要站在国际、国内的角度，结合大学生的思想生活实际，在教学过程中遵循由浅入深、由表及里、由感性到理性的规律，挖掘教育典型事例，引导学生用马克思主义辩证思维思考与分析，帮助学生树立科学的价值观理念，增强思政课教学的思想性和科学性。最后是延伸课内实践活动。思想政治理论课可以结合自身的学科特点，正确引导学生的第二课堂道德实践活动，使课堂教学从课内向课外延伸。此外，还可以通过典型案例的教学，设置相关的道德情境，引导学生在这一过程中将道德理论知识与道德实践互相结合，提高学生用科学的价值观、道德观观察、分析问题的能力。

（4）开展丰富的中华优秀传统文化主题活动

弘扬中华优秀传统文化始终是国家的主旋律，也是当代大学生的使命与担当。高校应贯彻协同育人理念，通过组织部、宣传部、学生处、后勤部、教务处等部门协同配合，在校园开展丰富的中华优秀传统文化主题活动。高校可以利用书籍、重要历史人物和事迹、传统节日、非物质文化遗产等资源组织校园活动。

高校可以组织学生开展与国家经典相关的主题活动，通过诵读会、讲座、研讨会、演讲比赛、辩论赛等形式，使大学生在彼此交流互动中对古代优秀书籍有更深入的了解，对古代学者以及思想有更深入的研究，使古代优秀书籍得到传播与分享。更重要的是引导大学生立足于现实问题，结合古代优秀书籍，从中找到解决自身困惑、社会热点问题的方法，提高活学活用的能力，保持中华优秀传统文化活力。通过此活动，可增加大学生的知识储备，提升他们的人文气质，引导他们形成正确看待事物的观念。还可以利用传统节日对大学进行立德树人教育。利用清明节开展相关活动，厚植大学生的爱国情怀，引导其积极投身于中国梦的伟大事业中。

（5）成立多样的中华优秀传统文化相关社团

校园社团组织是大学生自主自办的群体性团体，能够使校园文化更加丰富、大学生自治能力更高、课余生活更加多样。大学生通过这些活动不仅可以切磋技

第三章　中华优秀传统文化与现代文化建设的联系

艺，还可以在交流中收获友谊。通过成立中华优秀传统文化相关社团，扩大中华优秀传统文化育人的辐射范围，贴近大学生的生活，以轻松、愉悦、有趣的方式进行大学生的思想政治工作，把握政治方向的正确性，引导大学生修养高尚的道德品质。

高校可倡导成立哲学社、文艺社、话剧社等，通过学生社团开展内部的各种学习和实践活动，以大学生喜闻乐见的方式传播其内涵，与大学生的特征相结合，激发其学习和探索的兴趣，营造出浓郁的中华优秀传统文化学习、研讨氛围，进一步丰富大学生的校园文化生活。高校还要积极引导班级干部和学生党员参与组织中华优秀传统文化相关社团，充分发挥党员和干部的榜样和带头作用，在各种形式的校园活动中，以自身的良好素质和政治素养，影响大学生的思想和行为方式。同时，在同学间的交流互动中还能实现双向发展，更高效地实现社会道德培养目的。

（6）加强特色的中华优秀传统文化校风建设

高校的校风和学风，犹如阳光和空气决定万物生长一样，直接影响着学生的学习和成长。好的校风和学风，能够为学生学习、成长营造好"气候"，创造好"生态"，思想政治工作就能润物无声给学生以人生启迪、智慧光芒、精神力量。因此，好的校风彰显的是学校整体良好的精神风貌。高校要将中华优秀传统文化元素与校园特色相结合，在校训、校歌、校规、校园建筑等方面，注重对大学生的有意引导，打造熏陶大学生优秀思想品行的良好校风。比如，清华大学"自强不息，厚德载物"的校风对清华人的精神引领；中国人民大学校花玉兰花对学生淡泊名利、积极进取优秀品质的塑造；湖南大学岳麓书院建筑对学生的文化涵养……此外，要注重高校领导、行政管理人员和后勤人员的行事方式，要加强他们对中华优秀传统文化的学习，提升他们的素质，以他们正确的思想观念和行为方式影响大学生形成良好的行事风格，以高校整体性的良好精神风貌，影响和提升大学生的思想道德素质，为立德树人实践的开展助力。

（7）有效结合多元课程，加强学生情感体验

高校进行道德教育的主渠道是课堂教学，通过显性的课堂教学发挥道德知识的教育功能。道德教育指向性明确，就是要培养大学生具备主流的核心价值观与道德理念。隐性道德教育则主要通过"活动教学"发挥潜移默化的作用，提高学生独立判断、分析问题的能力，增进道德自律性。高校应该分年级开设公民道德教育课程或者相关的讲座，遵循"立德树人"根本任务的要求，以提升大学生公

民道德素质为核心，进一步提高大学生公民道德水平。同时，针对不同层次的大学生，课本内容的编写要有侧重点，注重内容形式的多样化，提高课本与教学内容的生动活泼性，对大学生开展经常性、规范性、系统性的公民道德教育，促进全社会、全范围的公民道德教育活动开展。

情感在思想品德的形成和发展过程中发挥着强大的作用，它既能将思想道德认知上升为道德信念，又能将这种信念转化为实践层面，落实到人们的行动上。情感教育的重要特点在于以情感人，引起共鸣。情感教育具有丰富多彩的内容，在大学生公民道德建设过程中，主要是通过情感培养其爱国主义与民族自豪感，使其具备积极的、对社会主义道德的认同情感与思维方式。这种情感教育的过程就是通过各种情感教育的途径，从而激起大学生的情感体验，并不断在发展、强化中培养他们高尚的道德品格。因此，高校开展思想政治教育过程中要适当地运用情感教育，有助于提升大学生对社会主义道德的情感认同，也必然会对大学生的公民道德建设中的教育工作起到促进作用。这就要求教育者在开展实践行动中以适时激发大学生的内心情感，以完善大学生人格，掌握学生的情感动态，才能从"动之以情"达到"晓之以理"。

（8）加强教师队伍自我教育，提升教师道德素养

教师作为社会教书育人的领头羊，更应该以严格的要求约束自己，在社会公共生活和家庭生活中起到先行者和模范执行者的表率作用。在新的历史条件下，教师尤其要加深学生对学习以及生活的认知，倡导建立民主的师生关系，把与学生互动的时间与空间从课上拓展到课外。教师要善于自察与自省，遵守公民道德规范，提升自身的专业素养与道德素养，便能够以这种标准调节学生和自身的行为，为学生的公民道德素质起到良好的影响作用。

教师自我教育最主要是学会理论与实践相结合。首先要兼顾自身物质文明与精神文明，切不可仅以学术成就评判自身。其次要积极参与实践，丰富教育内容，这就要求自身的专业素养、教育理论素养与职业素养的完备。教师还要学会自我批评，要正确认识自己，并给自身的专业素质与道德素质树立高规范，加强"慎独"意识。另外，学校管理者要尊重教师的主体地位，尊重他们在教育工作中的劳动，要以实际行动关怀教师，真正激发教师的教育主动性与积极性，不能以过多的形式要求限制教师发挥其创造性。学校管理者要改善管理方式，转变单纯的权力管理，努力改善教师工作、生活条件，解决教师实际困难，重视对教师进行情感投资，以便教师能全身心投入工作，促进学校公民道德教育质量的提高。

（9）完善学生班集体管理，建设优良班集体

班集体是学生群体的基本组织形式，又是高校学生的基本管理单位，是高校为实现培养目标而组成的学生集体。班风建设是高校集体建设的核心，良好的班风是优秀班集体的外在表现，是班级学生集体表现出来的外部特征。建成奋发有为、积极向上的班集体，为学生成才创造一个良好的育人环境，是每一位集体成员应尽的责任和义务。一是要形成对校风、班风的理论概括，凝练出适应社会需要、适合学校、符合大学生发展需要的校风、班风。二是要落实大学生班级管理。三是要在共同规范中倡导个性。四是要具备团队精神。总之，班集体对个体的影响是长期的，不能仅仅满足一般集体的组织建设，在抓好班风建设的基础上，努力建设优良集体，特别是要做好大学新生的班集体建设，使大学生尽快适应大学生活，因为优秀班集体一经形成，就会对学生产生长期和深远的影响，从而获取更有效的公民道德建设效果。

（三）社会层面

1. 社会教育

社会教育是随着人类社会而出现的，是人类教育活动的逻辑起点和基本方式。社会教育起源于人类在生产生活实践中生产技能和生活经验的传递，是人类生存和发展的现实要求和必然选择。然而，从人与社会有机统一的视角，人之所以成为人，以及社会有序运行之可能，都需要人在社会中接受教育，但教育的功能不仅仅在于生计教育或智力教育，更在于体现人与社会本性的道德教育，而且这种道德教育一直融于其他各种教育之中。

2. 社会中的道德培养

（1）培养公民意识

当今时代，公众参与社会公共事务的热情高涨，为保证政治生活的有序和有效参与，社会对个体的公民道德培育也有潜在的要求。

一方面，公民道德是个体参与社会公共生活的基本前提。公民道德是一个国家所有公民必须遵守和履行的道德规范的总和，是一系列包括道德核心、道德原则和道德基本要求的内容。公民作为一个国家社会的基础性存在，其社会行为规范与国家社会意识形态之间有着必要的对照性，因此不同国家的公民道德都有不同的要求，但同样也具备共同之处。我国2001年9月发布《公民道德建设实施纲要》，正式为我国的公民社会参与提供了指导。其中明确针对拜金主义、享乐主义、极端个人主义等问题加以强调。总之，强化基本的公民道德规范是保证有

效、有序参与社会公共事务的关键。

另一方面,强化公民教育需要加强社会主义核心价值观的引导。我国对公民的教育是在保证意识形态路线正确的基础上,以道德教育为中心,与高校思想政治教育为主导的育德活动相互作用,进而引导青年确立正确的世界观、人生观、价值观。

(2)加强社会治理

社会治理不同于社会管理对国家政府单一主体服务社会的依赖性,主张以国家治理为主,同时吸收社会组织、企事业单位、个人等主体,共建、共治、共享,平等沟通、交流合作,引导社会生活规范化以及和谐有序发展,追求公民的利益最大化。社会治理作为西方社会学的重要内容,应用于我国社会发展的实际,则需要根据我国社会的实际情况进行调整以作适应。在我国,社会治理是指在执政党领导下,由政府组织主导、吸纳社会组织等多方面治理主体参与,对社会公共事务进行的治理活动,是"以实现和维护群众权利为核心,发挥多元治理主体的作用,针对国家治理中的社会问题,完善社会福利,保障改善民生,化解社会矛盾,促进社会公平,推动社会有序和谐发展的过程"。后真相时代的复杂性迫切需要社会道德规范考虑新的情况变化进行完善。从后真相现象发生的领域来看,政治、经济与新闻舆论等方面的参与主体更应尝试身体力行,加入社会事务的治理中,积极配合政府部门的社会治理工作,市场经济主体、企事业单位、社区成员及个体都应积极主动地为维护社会秩序的有效运行承担责任,以社会主义核心价值观为精神指引,立足于社会公共道德规范的要求,强化市场经济规范、企事业单位职业道德规范,遵守社区公民道德规范以及个人品德的要求。

第四章　中华优秀传统文化与文化自信培养

中华优秀传统文化是现代社会发展不可或缺的一部分，也是不断向现代社会输送营养的基站，它能激发现代文化建设的活力，能为新时代文化发展注入新鲜的血液和充足的养分。此外，其对文化自信的培养以及良好国际文化形象的树立也具有重要意义。本章分为中华优秀传统文化与文化自信的时代境遇、中华优秀传统文化与文化自信培养的关联、中华优秀传统文化与文化自信的价值意蕴、中华优秀传统文化与文化自信的路径选择四部分，主要包括中华优秀传统文化与文化自信培养存在的问题、中华优秀传统文化与文化自信培养的问题归因等内容。

第一节　中华优秀传统文化与文化自信的时代境遇

一、中华优秀传统文化与文化自信培养存在的问题

（一）多元文化下中华优秀传统文化地位不突出

随着网络的快速发展和智能手机的快速普及，各种网络文化在大学生使用微信、微博等网络社交软件的同时逐渐进入他们的视野。当代大学生如果缺乏正确的认识和判断，就很容易被一些外来文化所吸引，掉入外来文化的陷阱难以自拔。尤其是一些外来文化通过网络信息时代多元交互实时的特点对我们的中华优秀传统文化造成了一种巨大的冲击。

一些当代大学生对那些欧美和日韩等国家的外来文化盲目认同。他们非常喜欢国外的节日，如西方的圣诞节等，但是对我们国家的端午节、中秋节、清明节等的节俗文化却并不清楚。在娱乐上，有的大学生喜欢看外国的明星、喜欢看外国的电影，对比之下观看和关注国产影片和电视节目的大学生则偏少。

不过从总体情况来看，以上只是个别现象，我们对中华优秀传统文化还是应

持有一种积极乐观的态度。绝大多数学生对于外来的节日与中国传统节日的培育之间的关系还是能够正确处理的，不但能够正确对待外来文化，而且能处理好外来文化与中华优秀传统文化之间的关系，我们可以借鉴西方的先进文化思想和方法来对一些中华优秀传统节日进行创新。但是，不可否认的是在信息网络高速发展的今天，多元文化的产生和发展以及外国节日的产生和盛行对于中华优秀传统文化的培育会有一定的影响和冲击。

（二）学校未充分落实中华优秀传统文化教育

关于如何推进中华优秀传统文化教育，学校没有充分认清它的重要意义和地位，自然在传统文化教育的内容上缺少系统的规划，所以在其教学和授课中也不会进行系统和创新的课程设计。

1. 优秀传统文化同思政教育结合力度较弱

从20世纪50年代初期我国构建了系统的大学课程教育体系到新时代背景下的高校教育体系的形成，我国大学教育体制在将近70年的实践中不断进行调整与改革，形成了适应我国国情的具有鲜明特色的高校教育管理模式。但是，在帮助高校建立适应我国国情与社会竞争环境的教育体系的同时，也为高校教学实践活动带来一定的负面影响。

虽然我国高校教育模式经过将近70年的探索形成了相对完备的体系，但注重对学生的相关专业知识的培养而相对忽略对精神世界培养的教育方式一直是我国大学应用的主要方针。受我们国家各领域飞速发展需要大量专业人才的情况影响，高校更加注重对大学生专业技术的培养，而相对忽视了对于大学生思想层面的培育。随着国家提出文化自信等相关理念，高校对传统文化的复兴意识不断加深。在国家的大力提倡下，高校开始探索与加强传统文化与大学课程教育体系的融合。高校倾向专业知识教育、淡薄思想教育的现象得到一定改善，但尚未达到平衡。

高校对大学生进行精神层面教育的主要课程就是思政课，而优秀传统文化中蕴藏的德育资源等对于相关科目的创新发展具有重要作用。鉴于国家的号召与高校对教育体系的不断调整，我国高校开始着手探索如何将优秀传统文化所蕴含的德育资源等有利于大学生身心发展的文化精髓与高校的课程相结合。但由于没有一套专门以优秀传统文化为依托的教材，思政课教师也很少能够将传统文化知识同学科教材完美结合，导致优秀传统文化与高校思想教育类学科直接的理论联系没能充分体现，没有与之形成有力的联合。同时，学生之间的专业差异性也导致其对相关知识的接受速度与程度产生差异。文史类学科的学生，相较理工科的学生对传统文化知识能够更好地理解与学习。这样就削弱了传统文化在思想教育层面的泛用性功能。总的来说,虽然高校在对传统文化与教育体系及课程的融合方面做出了很大的努力,但是由于学生条件以及现有课程考核体制等因素,还没有真正使传统文化与高校课程及教育体系做到密切的结合。

2. 教师队伍的优秀传统文化素养有待加强

在当今全球化日益加深的时代背景下,我国同世界的交流日趋紧密,各国之间愈加频繁的文化交流不仅为我国高校发展新时代的教育体系提供了更好的交流机会与空间,也相对增大了高校对大学生进行文化自信相关培育工作的难度。在世界各国合作不断加深的今天,维护高校在意识形态工作中的主体性以及警惕外来文化对高校的冲击依然是需要重视的。在此背景下,要想达到高校意识形态工作应有的效果,将优秀传统文化与其深度融合是时代的必然趋势,高校教师作为施行高校教学理念等的活动主体,其运用优秀传统文化的能力是实现两者结合最有力的保障。

教师自身的传统文化知识储备是将其与思想政治教育深度融合的基础条件之一,所以必须强化高等学校思政教育队伍的优秀传统文化相关知识水平。但目前我国高校大部分教师受限于自身专业等情况,对于传统文化的了解仅停留在比较浅层的位置,精通传统文化教学知识并可以在课堂上自如运用的教师人数难以达到高校的要求。

相对来讲,思想政治专业教师及相关人文专业的教师较理工科教师具备更加深厚的传统文化专业知识。这就导致了人文类学科的学生对于传统文化的知识储备要高于理工科专业的学生。而传统文化融入高校最主要的形式是课堂教学,这种知识基础上的差距也造成学生对于相关知识的接受程度以及理解能力上的差别,长此以往,很可能会影响到学生自身对本民族优秀文化的兴趣,影响高校相关工作的开展。

综上,对培养新时代大学生的优秀传统文化自信而言,高校思政教育队伍自身的优秀传统文化素养是影响最终效果的直接因素,这对于提高大学生对优秀传统文化的理性认识与相关教育工作的实效性以及高校后续工作的效果产生了极为重要的影响。

(三)家庭忽视中华优秀传统文化的教育

一个孩子有没有良好的教养,与家长的道德素质、文化知识水平以及家长的言传身教等都有直接关系。许多子女都是在耳濡目染中逐渐形成性格、养成良好品德的。不过，有些父母十分关注孩子的学习成绩，并把学习成绩的重要性排在首位，过早地为孩子以后的升学做好了打算，却没有注意对孩子人格和道德素质等的培养。

此外，有些家长对中华优秀传统文化了解得不多，并且对于中华优秀传统文化对孩子所具有的意义和重要性没有足够的了解和认识，也就不能很好地进行灌输及有效地引导和教育孩子。

家庭环境直接影响着孩子的健康成长，而且这种影响会始终伴随着孩子的一生。中国历史上很多教育名人在家教方面都很严格，中华优秀传统文化的教育对孩子的成长有着培养和启蒙的作用。修身齐家才是我们治国平天下的思想根基。也正是因为在家庭中缺少对于中华优秀传统文化的传播和教育，所以孩子很少在家里进行中华优秀传统文化方面的实践。如果家长能够给予孩子正确的教育和引导，也许会有更多孩子喜欢中华优秀传统文化，能够促使孩子基于中华优秀传统文化树立强烈的文化自信。

（四）大学生对中华优秀传统文化了解不多

高校经过之前几十年的探索与发展，打破了原有的学生一方被动获取知识的格局。大学生可以自如地转换在学习过程中的主客体位置。因此，大学生自身对本民族文化的认知情况与态度也影响着对本民族文化认同与自信心理的培养效果。当前全国很多高校无论选修课还是必修课都设立了传统文化方面的相关课程，同时在对新时代大学生进行思想政治教育过程中也开始尝试运用传统文化对德育层面与人格塑造理论及内容进行讲解，相对于之前的单一宣传教育手段，新时代大学生对传统文化的认知确实达到了之前所无法达到的效果。但是由于专业的需求性与追求短期效果的现象，部分大学生对传统文化的认知仅仅停留在德育方面，整体认知方面较肤浅。

具体来讲，新时代大学生对传统文化认知不足的现象与时代大环境和社会大环境也有一定的关系。

首先，随着社会的发展与我国对教育事业投入力度的不断加大，人人都在追求更高层次的学历，新时代的大学生面临的升学与就业压力也越来越大。这样的社会现实促使新时代的大学生必须选择高学历深造的道路或者自身具备高超的专业技术能力才能在激烈的社会竞争中脱颖而出。

很多的新时代大学生在踏入大学校园之时就将这两条道路作为自己的奋斗目标。虽然此类观念符合社会现在的实际，并能够最大程度地促使自身达成想要的结

第四章 中华优秀传统文化与文化自信培养

果与目的，但也正因为这种现状使大学生没有闲暇时间去了解自身专业以外的知识。由于优秀传统文化在短期内无法对自身目标起到明显的推动作用，它的培养与熏陶需要潜心感受与长时间的自我感悟，而非一朝一夕。在当今快节奏的生活、学习过程中，一些大学生很少有兴趣与精力去细细品味传统文化的精髓与妙处。

其次，在课余生活中，各种各样电子产品的出现不断挤压传统阅读时间，对于大学生而言，他们更加倾向通过影视剧、综艺节目、电子游戏等放松方式给自身带来乐趣。虽然大量的古装剧受到大学生的热烈追捧，校园里也掀起了汉服热潮，但热潮中涌动的传统文化大都仅仅停留在表面，对帮助大学生真正认识优秀传统文化的精髓与价值收效甚微。

二、中华优秀传统文化与文化自信培养的问题归因

（一）外来文化对中国传统文化的冲击

在当今全球化迅速发展的环境中，各国之间文化领域的相互影响是不可避免的。在世界发展历程中，文化具有的开放性使得各种文化之间的交流广泛存在并同时相互影响。

20世纪80年代，我国开始实行更加开放的对外政策，开始同世界各国在多领域有了深入的交流。在改革开放的过程中，代表当时西方先进社会文化观念的西方资本主义文化传入我国。西方社会当时的思想观念在与我们民族文化的交流中，对我国文化与社会的发展产生了一定的影响。但西方资本主义文化并不是像中国传统文化一样温和包容，而是一种更加强势的文化体系。这就导致了外来文化在与中国本土文化交流学习的过程中不断挤压我们本土文化的生存空间。

外来文化在国内的传播与流行在一定层面上改变了部分中国人的行为意识，同时也相对影响了我国文化事业与文化市场的发展。我国传统节日被西方娱乐性节日冲击，西方商业电影挤压本土影视作品的生存空间。虽然近些年我国文化产业与本土电影产业找回了一定的市场份额，开始能够和外来文化的传播进行对抗。但是，中国传统艺术的受众群体的数量还是不容乐观。文化冲击造成一部分青年盲目"崇洋"，认为国外文化是世界流行的，是经过多数人检验的，不懂得国外文化就是落后于时代。

在这种思想的引导下，传统文化的生存情况就变得更加严峻，同时，鲜有群体去主动关心传统文化的继承与发展。随着网络社交与新媒体的发展，外来文化在国内的散播变得更加方便与快速。鉴于大学生的个人心理还不够成熟与健全，

对于不良文化的防范意识和鉴别能力较差,很容易被一些不良的文化与思想所侵蚀。所以,我国高校培养大学生群体对本民族文化的自信极其重要。

(二)学校教育的不完善

受知识中心主义的理念所影响,技能及知识的学习与道德教育存在关联性。有些大学在组织学生学习道德教育课程时重点对道德知识本身进行阐述,采取灌输式、被动式的教育模式。教师常给学生灌输较多的理论知识,课堂上的互动较少,没有根据当代大学生的思维特点设计相应的课程,仍采用传统、陈旧的授课形式,几乎无新颖、互动性强的课程内容。此外,在如何构建文化自信的培养中,存在培育时间长、规划无系统性或培育间隔时间长的问题,无法取得满意的结果。

(三)家庭教育的弱化

约翰·洛克(John Locke)认为:"家庭教育的优劣会对孩子的人生造成影响。"父母的言行会对孩子文化观念的形成产生直接的影响,父母给予孩子的启蒙教育,也会影响他们的"三观",尤其是父母表现出的道德修养将对孩子产生潜移默化的影响。

1. 家庭文化氛围淡薄

家庭文化的建立对子女有着深远影响,家长长期的言传身教犹如一堂堂发自内心的授课,无形之中影响着孩子的整个人生。

约翰·洛克表示家庭教育是否良好,将影响孩子的一生。在家庭中创造良好的文化氛围将助力大学生保持较强的文化自信感,其发挥的效果显著且长久。家庭长期的影响常在不经意间便构建了大学生的文化体系,且教育教化功能强大。在特殊情况下,父母的文化素养能够在较大程度上影响整个家庭的文化气氛。

当父母的文化素养好时,往往就会促进大学生成长,帮助其养成优秀的道德品行。长期生活于该气氛下的大学生和其他同学相比,将表现出强烈的民族自信心和自尊心,对传统文化、优秀文化、西方文化有更强的辨别能力,更加能够认同和传承优秀文化。

当前很多家长基于生活上的较大压力,将大量的时间倾注于工作,对于家庭文化氛围的营造所花的心思较少,使得优良家风无法得以传承,进而对自身及子女的文化要求较低,便不能给孩子起到表率作用。

2. 父母思维方式的影响

父母是孩子的首任教师,大学生的"三观"初步形成,并没有完全固定,可随时变化。父母的思想观念对子女的影响非常大。当今社会上流行诸多不良风气，家长若提倡实用主义、拜金主义等观念，将潜移默化地影响子女，这些不良观念有轻德育、重智育；轻文化培养、重知识传授；轻素质提升、重考试结果。还有的家长对国内教育缺乏信心，教育子女学习西方文化，不注重培育孩子正确看待和传承我国的优秀传统文化。长期错误、偏激的教育理念将使大学生冷漠地对待传统文化，不懂得敬畏及礼赞优秀文化，长期生活在这类家庭中的学生往往无法做到真正地优秀。

3. 家庭教育中文化传承的缺失

在早期阶段，家庭教育会对孩子文化的自信心、自觉性产生重要影响。很多家长由于信奉望子成龙的教育理念，使得孩子认为将数理化学好，就可以算作万事大吉，于是忽视了对传统文化的学习及思想道德素质的锻炼。

此外，在整个成长环境中，一些大学生往往不会主动了解和认知传统文化，加之繁重的课堂作业及较大的升学压力，迫使他们仅将主要精力集中于应试教育的学习中。再者，很多大学生对如何提升个人素养的思考较少，并且经常表示将心思用于学习传统文化对促进个人发展无关。

（四）学生个体存在局限性

1. 个体认知局限

一般来说，大学生阶段是思想意识逐渐成熟的时期，也是提升认知并进行实践的重要时刻。大学生虽然具备一定的自我认知能力和价值判断能力，但因为大学生属于青春期，其情绪容易受外界环境波动所影响。此外，目前的大学生普遍出生于独生子女家庭，一直被父母疼爱、被家庭保护，通常未经受过较大的打击，常处于受别人保护的环境中，当遭遇挫折时往往无法选择正确的处理措施，缺乏理性、科学看待问题的能力。很多大学生缺乏成熟的心理素质，对于输入性文化的辨别能力也相对较差，无法正确、全面看待主流文化，对于时事及历史欠缺理性思维，还有学生甚至存在盲目崇拜输入性文化的心态，对本土文化持否定态度。

2. 从众心理

对于大学生而言，所谓的从众心理主要表现在两方面：一是对自身缺乏清楚的了解与认识，只能盲目地选择从众，在尚未明确自己想要什么的时候，遇到问题往往缺乏足够的见解；二是对自身已经有了清楚的了解，但仍然选择从众。一般而言，大学生的生活模式具有集体性，几点一线的反复生活属于常态，这让其十分认同群体行为方式。因此，一些学生即便对自我有清晰的认知，仍然总是担心过分注重自我而与群体脱节,最终的结果就是他们在学习生活中会选择与绝大多数人一样的行为模式。

大学阶段为主要的学习成长阶段,而大学生尚未形成完全成熟的心智,无坚定的理想信念,容易受外界环境影响。加之他们处在一个充满好奇的年龄段,对于一些不良文化无辨别能力,极易被吸引,最终表现为对我国传统文化的摒弃,进而在文化自信上没有体现出较强的信念感。

3. 缺乏主动性

学生进入大学之后,虽然课程较多,但是自己可自由支配的业余时间也很多。同时,他们对待学习的态度也发生了变化。对一些学生来说,"玩"成了主业,学习变成了副业,在学习传统文化时更是缺乏主动性,有的同学甚至连传统文化都不知为何物。

大学生在大学时期往往将注意力转移至就业,主要关注如何提升专业技能,以便提高就业率,对于传统文化的思考较少,更别说思考其与西方文化间的差别。该群体的社会经验较为贫乏,"三观"尚未形成。现实生活中,有些大学生在如何选择正确的文化方面无主动性,缺乏辨别思维且未树立正确的价值观,更愿选择潮流思想。

进入大学后的学习模式,更多的是老师在课堂上进行讲授,课后需学生主动阅读相关的参考资料才能了解其内涵。所以,大学生需要培养较强的文化自觉性。大学生的生活通常都较为自由、丰富,业余时间又充足,但若学生无较强的文化自觉性,把这些时间均消耗于打游戏及追剧等娱乐活动中,内心并无学习传统文化的积极性及主动性,进而无法深刻而全面地认知我国的优秀传统文化,更别提文化的践行与传承。很多大学均开设了与传统文化相关的学科,但一些同学仅将其作为任务,只希望课程及格,对待课程态度消极。因此,大学生的文化自信培养除了应有一定的文化氛围,还需积极付诸实践。在实际活动中传承文化,还应该对文化保持较高的自觉意识,积极主动学习,这样方可提升对优秀传统文化的体验感、认同感,最终实现民族的伟大复兴。

(五)网络信息混杂

网络有利也有弊,大学生可以在网络上了解自己想了解的信息,使学习生活变得更加便利,但另一方面,网络上也有许多不良的信息,对大学生的思想会造成许多恶劣的影响。互联网为培育文化自信提供了便利性场所,是一种全新的交流平台,借助互联网的优势可为教育提供新途径、新方法。大学生能够从互联网上不受时

第四章　中华优秀传统文化与文化自信培养

间和地区的限制获取所需知识。网络上复杂、庞大的数据量也表现出一定的缺点。

第一，网络信息呈现出肤浅化、碎片化的特点。这种特点无形中使得大学生不会再深入探索和分析知识，降低了其主动思考的积极性。网络信息快速发展和传播，信息错综复杂，不同于传统的报纸、电视等媒体，整体显得复杂及散乱，无法为大学生提供系统、全面、完整的资料，加大了他们对知识的辨别和认知难度，因此最终使得文化认知表现出碎片化的特征。

第二，网络宣传呈现出多元化的特点。网络信息宣传多元性对主流文化正面影响大学生的力度进行了弱化。网络平台的隐匿性、开放性导致文化传播的多元性，数据较多且庞杂，人们通常在阅读碎片化信息，大学生不再敬畏和礼赞文化知识。新媒体广泛发展和进步，使得知识表现出娱乐化的本质，人们开始仅关注表象的东西，不愿洞悉事物的本质。研究者也开始运营自媒体，他们通过娱乐化的方式处理知识，更容易使大学生内心滋生浮躁情绪，进而削减了对知识的敬畏感。

第三，网络上传递的消极信息将对某些大学生的思想造成极端负面的影响，使其无法客观全面地辨别事物，不再坚信传统文化的魅力。在网络世界中，很多"键盘手"认为只要不违法，便能自由地发表言论，进而使得某些利己主义者散布诸多不良言论，进一步动摇了大家对传统文化的自信。大学生有着开阔的思想，好奇于新鲜事物，当无法辨别网络信息时，极易被带偏，因而出现思想极端化的倾向。

第四，网络监管体系不完善。网络是当前信息传播的主要场所之一，人们开始越来越依赖于网络平台。当前，某些不良网站基于利益，大肆发布不正规链接，对大学生的身心健康造成极大的侵害。其中还有一些法外狂徒在网络上投放诈骗信息，使得缺乏社会经验的学生上当受骗，给其本人及家庭均带来了巨大灾难。出现上述现象的一个重要原因是网络监管体系缺失，建议尽快健全相关的法律法规，同时加强平台管理者的自律性，提升从业人员的个人素养。

第二节　中华优秀传统文化与文化自信培养的关联

一、文化自信是传承发展中华优秀传统文化的航标

鸦片战争以来，如何对待传统文化的问题始终困扰着中国人，有部分国人认为我国的古代文化是迂腐的、迷信的，是不值得传承下去的，从而走向历史虚

无，还有一些人则坚持文化复古，甚至企图用儒学取代马克思主义，提出以儒治国。无论是虚无还是复古，无疑都是不可取的。文化自信理念的提出，不仅回答了要不要传承中华优秀传统文化的问题，同时也回答了传承什么样的传统文化的问题，它似大海上的航标，为迷失的巨轮指引了方向。

在要不要传承中华传统文化的问题上，文化自信的提出有利于化解"传统"与"现代"的矛盾，召唤中华传统文化在当代的回归。回顾我们民族文化的发展脉络，经历了自信、自卑再到如今重新建立起自信态度的过程。明中期以前，中国是经济大国，同时也是文化大国，史书典籍、绘画艺术、诗词歌赋，不仅在中国文化史上写下了动人的篇章，同时也在东亚文化圈乃至全球文化发展史上留下了浓墨重彩的一笔。

可以说，在近代以前，中华民族对于自身文化是怀有足够的信念的。但是，自鸦片战争中国遭到西方列强的入侵后，西方文化的繁荣发展无疑给了当时人们以巨大打击，处于生死存亡中的人们开始怀疑自身的文化理念，并感到自卑，尤其是在五四运动前后表现得愈加强烈。五四运动作为一场社会启蒙运动，其拥抱"新"文化、批判"旧"文化的理念对于解放思想的积极意义必然无可厚非。但在另一方面，五四时期一些文化激进主义者所提出的以"打倒孔家店"为中心的"全盘反传统"的论断是将"传统"与"现代"对立起来，这完全否定了传统文化具有现代转化的能力，对于传统文化产生了巨大的伤害。

虽然今天中国已经不同往日，经济实力大幅跃升，但在文化方面，一些人还是存在文化自卑心态，阻碍了中华传统文化的内在价值在当代的发挥。而文化自信命题的提出恰恰是对中华传统文化价值的肯定与确信，是对"传统—现代"二分的超越，有利于让中华传统文化重回当代社会价值体系，为当代社会的发展提供源源不断的方法与智慧，让人们都能在遵循规则的前提下实现和平相处。

在传承什么样的传统文化的问题上，文化自信有助于正确看待我国古代思想文化的两面性，传承发展其中的优秀部分。文化自信要求对民族文化有科学的认知，自然而然地包含着对传统文化的理性判断、辩证取舍。一种思想受其产生环境的影响，必然存在一些缺陷。我国古代思想文化也是如此，它经过上千年的生长发育，错综复杂，必然是精华与糟粕并存。其中，既有类似于关怀劳苦大众、尊敬父母老人、诚信待人做事等优秀的思想理念，但也存在封建迷信等传统陋习。

传承中华优秀传统文化对于民族发展来说本是一件好事，但在此过程中还是有人没有认识到中华传统文化的两面性，把提倡封建迷信、陈规陋习当作在传承中华传统文化，这不利于民众科学认识中华传统文化。只有树立文化自信的意识，才能理性、全面地看待我们的历史文化遗产，保留合理之处，摒弃不合时宜的地方。

二、中华优秀传统文化是夯实文化自信的根基

（一）从纵向维度上看

我国文化源远流长，是坚持文化自信的根源。"文化自信要有一定的底气作为支撑，这个底气首先需要有时间的沉淀。"从时间上看，我国古代思想文化积厚流光，自殷周时期已开始孕育萌芽。虽然历经社会动荡、朝代更迭以及近代民族灾难，仍然以其强大的毅力存活至今，经久不息。这样持久不衰的民族文化在世界上是独一无二的。

（二）从横向维度上看

我国文化自具特色，是树立文化自信的基础。世界文化丰富多样，一些文化多从他受，而中国文化独自创发，自成体系，具有鲜明的民族个性。在物质层面，秦砖汉瓦、笔墨纸砚、青花粉彩无不彰显中国文化的独特魅力；在制度层面，大一统的政治体制、科举制度展现了中国文化的治理效能；在精神层面，儒释道所论的修行境界体现了中国文化深邃的人生智慧。这些都足以让我们在世界文化之林中有理由坚定自信。

（三）从价值维度上看

我国文化影响深远，为厚植文化自信提供了文化共识。中国人思考的方式、在价值上的选择以及做事的方法在一定程度上有着相似性，这是因为我们在不知不觉中都受着古代文化观念的影响。如"天下兴亡，匹夫有责"的爱国理念、"威武不屈"的自强精神、"人无信不立"的诚信品质、"知行合一"的认识论思想、"老吾老以及人之老，幼吾幼以及人之幼"的社会风气等。这些价值理念不仅在古代为中国人所遵循，在新时代仍然植根于中国人的心中。一个民族的文化只有被生活在这里的人接受、尊重、认同，才能有底气讲文化自信。

三、中华优秀传统文化与文化自信的融合发展

中华优秀传统文化与红色文化、社会主义先进文化相统一，共同构成中国特色社会主义文化的基本内容。今天我们讲的文化自信，不仅是对其中一种文化的

自信，更是对这个文化整体的自信。热爱、尊重我们的历史遗产是一件十分要紧的事，但若过度推崇，就会陷入"文化复古情节"和"传统文化救赎论"的泥潭。因而，要想准确把握古代文化遗产的地位与价值，必须讲清楚其与其他两种文化之间的关系。

这三种文化是相通的。中华优秀传统文化代表着中国文化的古代形态，虽成于古代却影响至今，充盈着中华民族在漫长历史实践中淘洗、沉淀出的民族智慧，其知行合一、和而不同、仁爱友善、敬业奉献等丰富的精神内涵深深沁入中国人的心灵。红色文化、社会主义先进文化代表着中国文化的近现代形态。其中，红色文化是中国共产党在与敌人作战时期，带领人民形成的精神气质、价值追求。在马克思主义的指导下，红色文化对传统思想进行了改造、发展与升华。如"实事求是"思想就体现了古代思想在战争时期的进一步深化和拓展。社会主义先进文化是与当今时代相契合的文化。如航天精神，不仅体现了当今的社会风貌和时代精神，而且完美地诠释了传统思想观念。

总之，中国特色社会主义文化三个组成部分之间并不是彼此割裂的，而是古今相通、相互联系的，后者是前者的延续发展。因而，文化自信语境下对中华优秀传统文化的肯定，不是过度强调和推崇一种文化，而是对中国特色社会主义文化的整体自信。

第三节　中华优秀传统文化与文化自信的价值意蕴

一、中华优秀传统文化在涵育文化自信中的价值作用

（一）中华优秀传统文化是涵育文化自信的源泉

中国特色社会主义文化与中华优秀传统文化带有同一血统。随着时代的发展，中华优秀传统文化本身能够不断进步，能够契合于中国特色社会主义文化，这样的优秀传统文化必定有助于涵育大学生的文化自信。

1. 中国特色社会主义文化源自中华优秀传统文化

中国特色社会主义文化虽然包含中华优秀传统文化、红色文化和社会主义先进文化三个层面，但从本质上说，中国特色社会主义文化源自中华优秀传统文化。天人合一、仁者爱人、和而不同、自强不息等思想滋养着中国特色社会主义

文化。从中华优秀传统文化这一源流中提炼出的思想还为世界的发展贡献出了中国智慧和中国方案。走和平发展道路、社会主义核心价值观、一带一路、人类命运共同体等思想都源自中华优秀传统文化。中国特色社会主义文化源源不断地得到优秀传统文化的滋养，优秀传统文化与中国特色社会主义文化愈来愈契合。如果割裂了优秀传统文化这一血脉，那么中国特色社会主义文化就不会得到滋养，更别提发展繁荣了。

文化的一个重要特征就是历史继承性，前一个阶段的文化为后一个阶段的文化奠定基础，提供重要的资源。优秀传统文化为红色文化的发展奠定了重要的基础，社会主义先进文化同样是在优秀传统文化和红色文化的基础上得以发展。要想中国特色社会主义文化更加发展繁荣，使中国真正成为一个社会主义文化强国，必须继承优秀传统文化基因，不能抛弃传统、丢掉根本、丢掉我们民族的精神命脉。中华民族在几千年历史中创造和延续的中华优秀传统文化，是中华民族的根和魂。今天的中国特色社会主义文化是从中华优秀传统文化基因中产生发展起来的。

2. 中华优秀传统文化为文化自信提供了动力

随着国际间交流合作现象普遍增多，国家间文化软实力的竞争成为新的利益竞争点，优秀传统文化越来越成为增强文化自信和建设社会主义文化强国的动力源泉。中华优秀传统文化自古以来始终保持着连续性、稳定性和包容性，在世界文化舞台上闪烁光芒，独树一帜，为我国文化发展带来强大的生命力。

（1）中华优秀传统文化为我国文化自信提供了强大的精神支撑

一种精神文化要经历比较长久的时间才能形成并被大家所接受、遵循，大多数国家的精神文化都是来自本民族千百年的历史传统、文化传统。中华民族的精神文化主要来自我国五千多年来博大精深、极具包容性的优秀传统文化，我国的优秀传统文化中蕴含着丰富的哲学思想、伦理道德、价值观念、风土人情等，是展现中国文化精神的名片。随着文化成为新的国际竞争点，提升国家文化软实力和文化自信迫在眉睫，优秀传统文化悠久的历史、丰富的内容、多样的形式都为我国社会主义文化建设提供了强大的动力支撑，为增强我国文化自信提供了丰富的精神食粮和强大的精神支撑。

（2）中华优秀传统文化为我国文化自信提供了强大的动力源泉

中华优秀传统文化是我国文化软实力的重要组成部分。它并不是单独存在着的，它对当今的经济、政治、社会的发展都有着举足轻重的作用。要发展文化自信，在根本上就离不开优秀传统文化的推动作用。我国的优秀传统文化并不是只存在于过去，并不是被永久地尘封于历史的长河之中，而是贯穿于我国革命、建设、改革的各个阶段，自始至终地影响着我国的发展进程。在建设中国特色社会主义社会的伟大实践中，我们也深刻地认识到优秀传统文化的重要社会价值，并通过对优秀传统文化的继承与创新，结合新时代中国特色社会主义的特殊国情，实现了优秀传统文化的现代化，为中国特色社会主义文化走向世界奠定坚实的基础。当然，中国优秀传统文化要实现现代性转化，也必须与新时代中国的具体实情相结合，融通古今，创新发展。

3.中华优秀传统文化有助于涵育大学生文化自信

当前，中西方文化正处于激烈的交流与碰撞之中，在这样的情况下更应该拿起中华优秀传统文化这一利器来增强大学生对自身民族文化的自信心。某些西方国家想要通过文化交流这一形式将西方文化思想传入我国，向我国进行文化渗透，甚至试图同化我们国家的文化，这势必会对大学生的文化自信产生不良影响。中华优秀传统文化正是增强大学生文化自信的有用武器，运用好中华优秀传统文化必然有助于涵育大学生的文化自信。

优秀传统文化一个很重要的特征就是它可以与时代发展相连接而推陈出新。优秀传统文化在新时代得到了发展和创新，被赋予了新的时代内涵，对于处理人际关系、社会关系和国际关系都有重要的作用。在对中华传统文化进行创造性转化和创新性发展中应该坚持取其精华，去其糟粕。经过几千年历史发展的中华传统文化不可能完全适应当今时代的发展，要坚持马克思主义辩证思维方式，要有鉴别地加以对待、有扬弃地予以继承，对传统文化中的有益因素加以继承，对传统文化中的消极因素必须摒弃，才能有助于涵育大学生文化自信。

（二）中华优秀传统文化是涵育文化自信的财富

历经几千年岁月的洗礼，优秀传统文化自身能够涵育大学生文化自信的基因非常丰富，不论是语言文字、宗教、哲学还是道德情操、风俗习惯、科学技术等，都能够涵育大学生的文化自信。2017年，中共中央办公厅、国务院办公厅印发的《关于实施中华优秀传统文化传承发展工程的意见》中也指出，传承中华优秀传统文化的主要内容有核心思想观念、中华传统美德、中华人文精神。为此，这里从中华优秀传统文化所蕴含的思想观念、道德规范和人文精神三方面入手来简要分析涵育大学生文化自信的内容。

1.中华优秀传统文化蕴含独特的思想观念

中华民族经过五千多年的发展历程，其中有大量经过历史检验的文化被保留了下来，这些文化有着极高的价值，尤其是其中的一些核心思想观念对大学生产生了极为重要的影响，不断塑造着他们的价值观念，同时提升了他们文化自信的程度。

2. 中华优秀传统文化内含丰富的道德规范

中华优秀传统文化中的道德规范主要包括天下兴亡、匹夫有责的家国情怀，自强不息的精神，仁者爱人的人伦思想，诚实守信的人格修养。这些道德规范对于提升大学生的个人修养、提高大学生的道德情操、增强大学生的文化自信意义重大。

3. 中华优秀传统文化富含深厚的人文精神

中华人文精神是国家精神文明建设的助推器，有利于进一步推进社会主义现代化建设。马克思说过："作为人的存在对象的世界只能是在人的实践活动中被'人化了'的世界。"中华人文精神就是中华民族在实践中所创造的，是中华传统文化在精神上的表达。

总之，中华优秀传统文化蕴含的核心思想观念、道德规范和人文精神为涵育大学生文化自信提供了丰富的资源，能够塑造大学生的价值观，真正为大学生带来启迪，从而增强大学生对于本民族文化的自信心。

（三）优秀传统文化是涵育文化自信的根本由来

党的十七大报告对文化软实力的内涵进行了界定，即"文化软实力就是在实践的基础上产生，并且反映和作用在政治和经济上的社会观念体系，从而形成科学、教学、哲学、宗教、道德伦理、文学艺术等文化形式，而且有一种价值观贯穿于这些文化形式中"。文化软实力与硬实力相对，是对硬实力的一种补充，两者共同构成我国的综合实力。中华民族优秀传统文化作为我国文化的重要组成部分，也是我国软实力的一部分。优秀传统文化的创造性转化与创新性发展不仅可以在形式与内容上丰富中国特色社会主义文化，还可以提升我国的文化软实力，增强文化自信，推进我国在国际上赢得更大的话语权。

1. 优秀传统文化是我国文化软实力的重要组成部分

面对当今如此复杂的世界格局，文化多样性局面的出现进一步促进了各国之间文化思想的沟通与交流，国际之间的竞争开始向文化领域倾斜，也从侧面告诉了我们文化软实力在国际竞争中的地位越来越高。

文化软实力的强弱与文化自信之间是成正比的关系，文化软实力是文化自信的基础与动力。文化与经济的天然关系告诉我们，经济的发展离不开先进文化的支持。我国的思想文化具有五千多年的深厚历史渊源，凝聚着亿万人民的集体智慧，对当今社会的文化发展具有不可估量的作用，是提高我国文化软实力的深厚基石，是增强我国文化自信的动力源泉。

2.优秀传统文化是生成和发展文化自信的重要保障

中华优秀传统文化作为中国特色社会主义文化的血脉，是中国人民对中国特色社会主义文化自信的底气所在。优秀传统文化中拥有取之不尽、用之不竭的思想文化资源，是发展社会主义和谐文化的根基。优秀传统文化以其完整的思想体系、多样的表现形式、丰富的思想内核、悠久的历史熏陶为文化自信的生成和发展提供了强大的支撑。文化自信作为继道路自信、理论自信、制度自信之后的第四个自信，是更基础、更广泛、更深沉的自信。其实我们今天所说的文化自信不仅包括对中国特色社会主义文化发展的未来充满自信，也包括对中国特色社会主义文化来源的自信，即对中华民族优秀传统文化的自信。

中华民族优秀传统文化在五千多年的历史长河中，不但没有像其他国家和民族一样，随着国家的消亡，其文化也跟着消亡，而是在不同朝代的更替中依然保持着文化的独立性，依然在滚滚历史洪流中坚强地屹立着。中华优秀传统文化中所蕴含的哲学思维、道德体系、价值准则、处世原则等都是当代文化建设的宝贵资源，为增强文化自信提供了根本由来和价值指引。中华优秀传统文化在其产生和发展的历史时期就享有相当高的地位，享受着来自邻国的尊崇，中国人民就为其文化而感到自豪。基于中华儿女对优秀传统文化的自信与自豪，生成和发展文化自信也指日可待。

二、中华优秀传统文化在涵育文化自信中的价值功能

中华优秀传统文化在涵育大学生文化自信中有着重要的价值，对于增强大学生的文化认同感、提升大学生的道德素养、培育大学生成为新时代合格的社会主义事业建设者和接班人有重要的作用。

第一，中华优秀传统文化凝心聚力的功能，有利于增强大学生的文化认同感。如今，多元文化带来的消极思想不断侵蚀着大学生的价值观，使得部分大学生失去对本民族文化的关注和兴趣，渐渐地丢掉了文化自信。中华优秀传统文化中蕴含的自强不息、家国情怀等精神可以引发他们的共鸣，促进他们对民族文化的认同。在面临重大自然灾害时，全体人民凝聚成更强大的力量，众志成城，共同度过了灾难。正是因为中华优秀传统文化凝聚了全体中华儿女的精神力量，中国人民在大灾大难前才不会退缩，勇往直前。

第四章　中华优秀传统文化与文化自信培养

优秀传统文化中"安民富民"的思想也成为凝聚人心的重要力量。中国共产党牢牢把握这一思想，最大限度地满足人民对于美好生活的追求，从而得到了人们的热情爱戴和拥护，使得民众在任何时候都自觉维护中华民族的利益。这一切都是因为优秀传统文化把全体国人的力量融合在一起，它是全体人民最大的精神公约数。

当代大学生要深刻感知中华优秀传统文化的强大凝聚力，深刻践行社会主义核心价值观，深刻思考中华优秀传统文化的价值所在，进而发自内心地对本民族文化充满信心。

第二，中华优秀传统文化道德教育的功能，有利于提升大学生的道德素养。中华优秀传统文化强调要"明人伦"，特别注重对一个人道德和人格的培育。德育正是中华优秀传统文化中所具有的重要功能。

儒家学说特别注重对德性的修养，"立德"被摆在了第一位。"修身立命，王道仁政"是孟子所提倡的，孟子的这一思想也是对道德修养的阐释。"仁"在中华优秀传统文化中是一种善德，体现了中华优秀传统文化在道德品质上较高层次的追求。想要实现"仁"的目标，必须从自身出发，完善自身修养。"天将降大任于是人也……所以动心忍性，曾益其所不能""天行健，君子以自强不息"等都是对个人道德修养的要求。

那么如何进行道德素养的提升呢？《论语·学而》写道："吾日三省吾身：为人谋而不忠乎？与朋友交而不信乎？传不习乎？"由此可以看出，通过不断反省自身，个体可以实现在道德修养上的提升。"诚实守信""重义轻利"等体现了为人处世所要遵循的伦理道德规范，也为个体道德修养的提升指明了道路。中华优秀传统文化的德育功能对于提升大学生的道德境界，培养他们高尚的道德素养和正确的价值追求发挥着无可替代的积极作用。

第三，中华优秀传统文化以文化人的功能，有利于培养大学生成为新时代合格的社会主义事业建设者和接班人。"以文化人，润物无声"，中华优秀传统文化潜移默化地影响着大学生的思维方式，陶冶了他们的道德情操，加深了他们的爱国情怀，进而改变了他们的行为方式，使得他们积极投身于社会主义建设之中，为实现中华民族伟大复兴的中国梦增添动力。如果没有学习中华优秀传统文化，就不会树立对五千多年文明的自豪感、对本民族文化的自信心，更不会付诸行动于社会主义建设事业之中。中华优秀传统文化对于塑造大学生品格有重要的作用。

一是引导大学生形成正确的"家国观"。中华民族是一个多民族的国家，自古以来各民族人民紧紧地团结在一起,形成了共同的心理因素,"大道之行也,天下为公""天下兴亡,匹夫有责""先天下之忧而忧,后天下之乐而乐"等爱国情怀增强了大学生为国家建设贡献自身力量的意识。

二是帮助大学生形成正确的"和谐观"。"道法自然,天人合一""和而不同""协和万邦"等思想对大学生看待人与自然、人与社会、国家与国家等之间的关系有重要的启示作用。在面对外来文化的冲击时,"和谐观"可为大学生正确看待外来文化,重拾对优秀传统文化的信心提供重要的方向指引。

三是引导大学生养成正确的"仁德观"。中华优秀传统文化中的仁善思想,对于大学生提升自身的道德修养、掌握为人处世的方式、正确建立人际关系有重要的价值。

四是引导大学生正确认识"民本观"。"民为贵,社稷次之,君为轻""水能载舟、亦能覆舟""安民富民乐民"等民本思想为我国的治国理政提供了经验和智慧。优秀传统文化能够帮助大学生树立健康积极的价值观,促进大学生成为全面发展的人,从而有助于培养大学生成为合格的社会主义事业建设者和接班人。

第四节 中华优秀传统文化与文化自信的路径选择

一、用中华优秀传统文化培养文化自信需遵循的原则

(一) 薪火相传,把握民族性

文化自信,实际上就是指强大的民族向心力和高度的文化认同感。中国精神作为中华民族之魂,是文化自信强有力的精神支撑。弘扬民族精神,凝聚民族力量,不断激发中华儿女的文化自信心和自豪感,使其成为提高文化软实力和建设文化强国的精神动力。

我们要正确把握传统文化多样性与一元性的关系。我国是多民族国家,在悠久的历史发展中,每个民族都形成了各具特色的民族文化。这些民族文化似花朵绽放在我国广袤的土地上,形态各异,精彩纷呈,都是我国文化宝库中不可或缺的瑰宝。虽然因各民族历史发展、地理环境、社会心理、文化传统的不同,各民族文化呈现出多样性的特点,但是从根本上各民族文化都起源于黄河文明,它们同根同源,具有一致的文化向心力和文化认同感。

我们保护各民族文化的多样性，更注重文化一元性的认同，民族精神就是文化一元性的直接表征。我们要以"位卑未敢忘忧国"的爱国主义精神为核心，大力弘扬"和衷共济，众志成城"的团结统一精神、"睦邻友好，和而不同"的爱好和平精神、"克勤于邦，克俭于家"的勤劳勇敢精神、"百折不挠，愚公移山"的自强不息精神，坚定中华民族文化自信的理想信念，让优秀传统文化凭借自身独特的中国特色、中国风格、中国气派屹立于世界文化发展的潮头。

（二）与时代同行，彰显创新性

在新的时代背景下，中华优秀传统文化要实现有序延续及发展，就要和时代发展趋向有效结合。邱柏生提出："增强文化自信，要在遵循文化建设固有规律的基础上，更加注重文化建设的综合效益，以全局的、协调的、动态的眼光来安排和推动文化建设。"

要提升文化自信，就要进一步弘扬中华优秀传统文化，并和目前的时代发展特征有效结合，实现创新发展，激发文化活力，将传统文化中对现代社会的有益之处进行挖掘并改造陈旧的表现方式，这样能够将传统文化进一步转化为与时代发展相适应的文化，要结合时代发展趋势，进一步完善传统文化思想，充实内涵，也就是要"通过文化创新让收藏在故宫里的文物、陈列在广阔大地上的遗产、书写在古籍里的文字都活起来"。

在目前的发展环境下，一些有价值的思想文化若不进行分析梳理，就会逐渐被抛弃。在新的历史环境下，应该有效地创新传统文化并促进文化发展，进一步提升文化自信。

"深入挖掘中华优秀传统文化蕴含的思想观念、人文精神、道德规范，结合时代要求继承创新，让中华文化展现出永久魅力和时代风采。"我国优秀传统文化自信的发展，根本是要和民族自强及国家发展有效结合并落地实施，要将优秀传统文化中所包括的价值理念进行传承，这是我国优秀传统文化的核心，同时和社会主义核心价值观关联密切，而且有非常巨大的现代价值。通过大众的践行，能够切实有效地提升文化自信。自强不息、见义勇为等传统美德均是我国优秀传统文化中较为普遍正面的价值理念，大众应该自觉践行。此外，在此过程中也需有效地对优秀传统文化予以了解，并提高对传统文化的情感认同，进一步提高文化自信。

道德文化作为优秀传统文化的精粹，要提高文化自信，就要加强道德实践。进一步践行社会主义核心价值观，引领社会道德实践，要促进优秀传统文化的传播,将修身、齐家、治国、平天下真正内化到大众内心,让大众在生活、工作中也能主动实践,确保大众在现实及网络环境中均能够自觉地遵守道德规范;进一步弘扬优秀传统文化中的诚信观,让大众能够客观地看待利益,以信立身;进一步弘扬道德家风,使《一封家书》等优秀道德文化节目得到良好有序发展,这也是在目前电视媒体中泛娱乐化的环境下比较有教育意义的优秀节目,其有助于提高大众对家风建设的责任意识。加强道德文化建设,有助于提高文化自信,提升大众文化自觉,并真正有效地传承优秀传统文化。

提升文化自信,就要尽快有效地对文化内涵进行创新,这样有助于提升文化的发展活力。列宁认为:"仿佛是向旧东西的回复,但它实质上和旧东西根本不同,是更高级的东西。""文化自信不是沉湎于以往的故事,而是要在前人的基础上创造出更大的自信。"文化创新是实现文化自信的有效前提和关键。

首先,文化产品在创作时必须贯彻社会主义核心价值观的内涵与要求,深入社会生活,创造出充满思想性、观赏性的优秀作品,实现优秀文化资源的有效转变,丰富文化产品的功能和优点。其次,加快构建科学的、创新性的现代文化产业体系。文化产业要重视社会效益,切实有效地促进文化科技创新,并进行文化产业结构的调整,制定现代企业规则,从而有效寻找新的利润增长点和核心竞争优势。最后,充分利用大众文化的创造活力,寻找乡土文化能人、非物质文化遗产传承人等,给予高度的关注,并且将各种媒体的宣传作用发挥出来,在第一时间总结群众的文化创新体验。

二、用中华优秀传统文化培养文化自信的实现路径

(一)社会层面:加强对大学生中华优秀传统文化的熏染

学校传授了很多与中华优秀传统文化相关的知识,大学生在家里可以进行学习和落实,然而他们也会受到社会上不良思想文化的影响。国家的教育思想为学校、社会、家庭教育提供了一个导向,所以国家要制定与中华优秀传统文化相关的法规、政策,进而加强对中华优秀传统文化的传播,以达到大学生传承中华优秀传统文化的自觉。

1. 把优秀传统文化发展纳入法律保护体系

依法治国政策的提出是以多年来社会发展的现实为依托,以解决社会中出现的各种问题为目的,是对新中国成立以来几十年经验教训的总结,是建立安定和谐的社会秩序的客观需要,也是保障中国特色社会主义文化沿着先进方向发展的

有力武器。中华优秀传统文化是中国特色社会主义文化的理论来源,提高人民群众对优秀传统文化的保护意识、增强人民群众在法律允许的范围内对优秀传统文化进行二次创作的能力亟待解决,把优秀传统文化的保护与发展纳入法律体系是十分必要的。

（1）增强人民群众保护优秀传统文化的法律意识

法律意识是公民理解、尊重、执行和维护社会主义法律规范的重要保证,要使公民做到遵纪守法,就需要法制观念和法律意识对其进行必要的引导。人民群众是社会的主体,是社会上一切物质财富和精神财富的创造者,也是全部物质财富和精神财富的享用者。

优秀传统文化作为无数人民群众集体智慧的结晶,不仅有很好的经济价值、政治价值,还有很高的精神和文化价值。以优秀传统文化为基调的文化产品数不胜数,给社会带来了新的经济增长点,在社会发展过程中也不断丰富着人们的精神世界,给人民群众以智慧和知识,帮助人们不断成长。而今,我们发现一些不法分子为了迎合低俗审美、谋取经济利益,对名胜古迹肆意破坏,曲解优秀传统文化的原意,阻碍了优秀传统文化在现代社会的传播与发展。为了保护优秀传统文化、推进优秀传统文化的现代化、推动优秀传统文化的创造性转化与创新性发展,把优秀传统文化纳入法律保护体系,对破坏优秀传统文化的行为进行教育、惩戒以及法律制裁,增强人们保护优秀传统文化的法律意识是一项紧迫的任务。只有人们的法律意识增强了,优秀传统文化才能得到更好的保护和发展,才会给社会带来更多的经济价值、政治价值和精神文化价值。

（2）为优秀传统文化的发展提供法律保障

从2010年开始,我国相继出台了一系列鼓励文化发展与保护传统文化的政策性文件,但缺乏系统性与强制性。目前,我国优秀传统文化的传承和发展情况仍然不容乐观,存在着一些问题与不足,这与文化立法滞后、文化政策支持不够有着直接的关系。

从目前来看,我国缺少关于文化保护的法律,缺少专门保护优秀传统文化的文化立法；文化政策虽多,但是缺乏针对性、权威性与强制性,无法真正推进优秀传统文化的保护行为；在文化政策上的支持也相对不足,对其研究投入的人力、物力、财力也不足。这些问题都在一定程度上阻碍了优秀传统文化现代化的进程。为了使优秀传统文化事业有序进行,发挥优秀传统文化对增强中国特色社会主义文化自信的作用,必须从完善相关的法律法规开始。

在法律层面,推进制定和出台有关传承与保护优秀传统文化的法律法规,从宪法到基本法、地方性法规、规章制度实行全方位覆盖，使优秀传统文化的保护做到有法可依，做到文化立法与文化体制机制改革相结合，发扬好的经验，抛弃不好的经验，在实践中推进文化立法。

2.国家制定相关政策弘扬中华优秀传统文化

外来文化通过电影、微博、微信、电视等进行传播，有些大学生观看具有严重暴力倾向和个人英雄主义色彩的电影，玩一些暴力游戏等，会使自己的思想受到严重影响。这就需要我国重视文化的发展，在全国范围内构建起重视文化的氛围，形成新型文化业态。

必须考虑大学生的身心发展规律，构建适合大学生文化教育和传播的体系，多运用现代科技、网络信息的力量，使大学生深刻地意识到树立文化自信是社会进步的表现，也是推动我国社会主义经济发展的一种不可缺少的手段。大学生文化自信的树立不但可以直接促进经济的快速增长，而且能有效地保障经济发展的质量。

当代中国之所以成功地赢得了世界的高度赞许，与中国自古以追求共同发展的文化理念有关。庄子说，"天地与我并生，而万物与我为一"，我们中华民族素来有仁爱之心，当他国发生灾难之时，我们总会伸出援助之手。这无不体现着我们中华优秀传统文化中的包容理念，我们生活在一个地球上，大家是紧密联系的一个共同体。

3.创新优秀传统文化的传播方式

要想优秀传统文化在当今社会重放光芒，为建设中国特色社会主义服务，增强群众对中国特色社会主义文化的自信，创新优秀传统文化在现代社会的传播方式是一种必要的选择。改变优秀传统文化在当今社会较为单一的传播方式，利用现代化新媒体的优势，加大在学校教育和社会交往中对优秀传统文化的宣传力度，赋予其新的时代内涵，推动优秀传统文化为现代文化自信的建立提供动力。

（1）加强对优秀传统文化进行现代化解读

中国传统文化博大精深，中国人民素来有研读经典的习俗，通过对经典著作进行研读，从中总结出适用于新时代发展的思想观念。随着我国经济实力的增强和综合国力的提升，人民的需求开始从物质领域更多地转向精神领域，社会主要矛盾也发生了相应的变化，人民对精神文化的需求不断增长，对传统文化进行现代化解读可以在一定程度上满足人民对精神文化的需求。如今，国学热方兴未艾，人们对优秀传统文化的需求大大增加，但是市面上有关传统文化的书籍良莠不齐，虽有精品，但总体上看，精益求精的少，粗制滥造的多；零散性的多，整体性的少；晦涩难懂的多，深入浅出的少。有些关于优秀传统文化的著作不具备权威性、时代性和普及性，老百姓只能浅尝辄止，没有办法进行全面的认识和理解，更不用说传承经典，融通古今，以对优秀传统文化的深入了解来增强中国特色社会主义文化自信。

面对精神食粮需求不足的社会现状，社会文化机构可以组织文学专家对中华民族优秀传统文化经典进行现代化的解读，根据整体受众情况，深入浅出，编撰内容丰富、形式多样、覆盖面广且兼具权威性、时代性、普及性的经典读物，帮助人们学习优秀传统文化，从内心散发出对我国优秀传统文化的自信，帮助人民增强对中国特色社会主义文化的自信，以此感染他人，推动中华文化走出国门。

（2）对优秀传统文化进行合理的创新

创新是一个民族进步的灵魂，是引领发展的第一动力。一个民族、一个国家、一个社会要想长期发展下去，永久地屹立于世界民族之林，那么创新是非常必要的。文化是一个国家经济、政治的集中反映，文化的发展方向也反映着国家的发展进程。如今，中国的经济实力显著增强，但是文化的发展程度还不能与经济实力相协调，增强我国的文化软实力迫在眉睫，对优秀传统文化进行合理的创新是增强我国文化自信的一个捷径。

在我国的优秀传统文化基础上，根据我国仍处于社会主义初级阶段的具体实情和人们对文化的现实需求，把优秀传统文化中与现代社会发展不相适应的部分进行创造性转变和创新性发展，在形式和内容上都使之印上时代的标识。例如，从传播内容与形式、话语表达形式、文化承载介质等角度进行创新，赋予优秀传统文化以新的时代内涵，展现时代性与创新性，让优秀传统文化在这瞬息万变的时代中不被抛弃、不被遗忘，永远存在于人民心中，推动现代文化事业的发展和文化自信心的树立。

（3）利用现代化新媒体传播优秀传统文化

在古代，人们的文章、思想等都是通过笔墨纸砚记录，从传播时间、传播效率、传播目的以及传播效果来说，这种传播方式是既费时也费力，还不能达到理想的传播效果。后来，慢慢出现了报纸、广播、电视等传播媒介，大大增加了传播的广度和深度。如今，更是出现了一批新兴的传播媒介，如微博、微信、互联网等等。这些现代化传播媒介承载内容多、传播速度快、传播范围广、传播效果好，随时随地都在进行着信息的交换与传播。

在现代社会这样一个信息更替十分迅速的时代，现代化新媒体对于传统文化和现代文化的传播都具有其他媒介无法比拟的优势，在很大程度上可以扩大优秀传统文化在世界上的传播广度与深度，让世界上更多的人了解中国的优秀传统文化，了解独具中国风格、中国气派的中国特色社会主义文化，把中国文化的种子撒向世界各地。

4. 寻找优秀传统文化的现代性载体

从本质上讲，文化属于意识形态的一种，为了使其得到更好的传承和发展，帮助其寻找到合适的载体显得尤为重要。总体来看，传统文化产生的时代离现代生活较远，而其记录形式更是多种多样，包括古建筑、古器物、书籍作品等，但由于时间久远，很多承载着传统文化和历史痕迹的实物都难以保存下来，更遑论发挥其传承文明的强大作用了。为了持续推进优秀传统文化的传播与发展，寻找优秀传统文化的现代性载体无疑成为一种有效举措，这能够更好地保护优秀传统文化，同时也表现出了对优秀传统文化的价值的认可，更是对优秀传统文化的传承。

（1）为历史悠久的城市打造文化名片

传承优秀传统文化以增强文化自信不能只是挂在口头上的口号，需要我们付诸实践，在行动中体现出来。目前，一些城市打着复古传统文化、保护文化遗产的口号，反而拆除真正的古建筑，或者翻修文化古迹，甚至新建仿古建筑，这是现代社会文化发展的悲哀。

在现代社会，一个民族需要民族精神，一个城市也需要城市精神，而城市精神体现了这个城市独特的文化气息、文化风貌。在城市的发展中，政府要采取措施保护真正的古建筑，保护那些具有浓厚乡土气息的民居和地方特色的民俗，保护城市原本的建筑格局和分配格局，合理划分经济、政治、文化区域，让城市居民能有足够的场所接受文化熏陶、发展创新文化、享受文化精神生活。

我国的每个城市都是在不同的社会历史环境下建成的，都具有其区别于其他城市的独特之处，每个城市的发展情况不尽相同。在中国特色社会主义发展的新时代，我们可以挖掘该城市的历史文化背景和古代名人事迹，利用传统文化中的优秀成分，以史创新，结合新时代新要求、历史文化、城市特色，为每个城市打造属于自己的城市文化、城市精神，树立良好的城市形象，向外传播独特的城市文化，向内以区域文化特色凝聚人心，以群众的力量来促进城市经济、政治、文化各方面协调发展。

（2）优秀传统文化与现代社会主义文化相融合

传统文化是在特定的经济发展水平、政治发展状态、时代背景、社会背景、地理环境下，通过人们的社会实践和文化实践产生的，具有当时所具有的独特性

第四章 中华优秀传统文化与文化自信培养

和特定性，还具有一定的阶级性，是为当时的社会发展和国家统治服务的，具有时代针对性。

每个时代都有属于那个时代的生命之火与智慧之光，照亮着那个时代的人们一步步向前迈进，指引着那个时代的人们寻找真理，那火与光便是流传至今的优秀传统文化。虽然优秀传统文化具有普遍价值，但随着时代的发展与前进，很多在那个时代被认为是优秀的文化却不一定能适应当下时代的发展，不一定能推动当代社会进步，所以，要想传承优秀传统文化，使其继续发挥光与热，就必须秉持"创新发展，与时俱进"的理念，把优秀传统文化与现代社会主义文化进行完美融合，赋予优秀传统文化二次生命，使优秀传统文化不仅在形式上更在内容上与现代社会文化建设目标相贴合，而且为现代社会主义文化的发展增添更深厚的理论基础和文化渊源。

5. 推动中华优秀传统文化走向世界

民族的就是世界的，中华民族优秀传统文化蕴含着丰富的价值理念与哲学思维，它不但对中华儿女有着深远的影响，还对其他国家的发展有着不可否认的积极作用。在全球化日益深入的今天，文化的发展也不可能仅在一个国家或地区孤立地进行，需要与整个世界的文化进行不断的交流与融合，借鉴世界上其他国家的优秀文明成果，推动中华民族优秀传统文化走向世界，在世界文化的熏陶下发展中华优秀传统文化和文化自信，让世界人民更加了解中华民族博大精深的文明成果。

（1）发挥世界各地孔子学院优势

要想中华民族优秀传统文化走向世界，就必须有能传播优秀传统文化的场域和传播者，我国的孔子学院就是传播中华文化的一个重要平台。孔子学院是中国国家汉语国际推广领导小组办公室在世界各地设立的推广汉语和传播中国文化的机构。孔子学院遍布世界各地，它以"和"为主要行为准则，旨在推动中华文化走向世界，以中华"和"文化影响世界，期望建立一个和睦友爱、持续繁荣的地球村。

孔子学院具有业务能力专业、师资力量雄厚、覆盖面积广阔、目标动机明确等优势。所以，在推动中华优秀传统文化走出国门、走向世界的过程中，正确发挥世界各地孔子学院的作用，在世界的每一个角落都留下中华民族优秀传统文化的足迹，让世界上其他国家的人们了解中华民族优秀传统文化的博大精深，了解中国特色社会主义文化的先进性。孔子学院在全球数量的增多，也说明了中华文化在世界的受欢迎程度不断提升、在世界的影响力不断增强，可使中国人民的文化自信心不断提高。

(2)推动中华优秀传统文化"走出去"战略

在中国特色社会主义进入新时代的历史背景下，为了应对正在转变的世界格局，增强文化自信，搭建具有中国民族特色和话语体系的文化交流平台，为中国的发展营造一个更好的发展环境，推动我国优秀传统文化"走出去"是一个重要的战略举措。推动中华民族优秀传统文化"走出去"战略，我们可以从以下三方面着手：

第一，开拓中华优秀传统文化"走出去"的渠道。建立国家、政府、企业、个人多维度交流网络，国家多开展文化外交、制定文化政策，政府提供海外文化发展援助，企业和个人多参与海外文化交流行动；充分发挥海外侨胞的纽带作用，鼓励海外侨胞为传播中华民族优秀传统文化走向世界献力、献计、献策。

第二，创新中华民族优秀传统文化"走出去"的方式。从语言、文化品牌、人才等方面入手，寻找并了解各国语言差异与语言使用习惯，了解其他国家的文化禁忌，准确无误地翻译中国古代社会以诗词歌赋等多种形式呈现的优秀文化作品；树立品牌意识，打造具有国际市场竞争力的跨国文化品牌，提升文化产品的文化质量与科技含量；培养具有专业传统文化知识且有文化传播技能的优秀人才，发挥懂专业、懂技术、懂管理、懂语言的复合型人才的有效价值。

第三，建立健全中华优秀传统文化"走出去"体制机制。从政策和信息入手，出台相关的文化传播、保障机制，加大文化财政支出，优化文化产业投融资渠道，减少文化产业税收等；完善信息对称机制，利用互联网、大数据等技术，分析不同受众的文化倾向与喜好，对症下药，提供与其偏好相同、相近的各种形式的文化产品。事实上，中华文化走向世界的过程，也是文化自信不断增强的过程。中华文化遍布世界的范围越广，文化自信就越强。增强文化自信，不仅要使优秀传统文化扎根国内，而且还需要其在国外开枝散叶。

(二)学校层面：加大对大学生中华优秀传统文化知识的传授

学校教育作为对中华优秀传统文化培育的一个主阵地，要不断探索更新传统文化教育课程教学的理念与方法。学校一定要加大关于对中华优秀传统文化相关知识的研究与传授，丰富传统文化课程的有趣性，从而吸引更多学生主动地理解和学习关于中华优秀传统文化的知识，或者潜移默化地让学生接受关于中华优秀传统文化的教育与熏陶，学生自觉认知和理解中华优秀传统文化。

第四章　中华优秀传统文化与文化自信培养

1. 更新中华优秀传统文化教育理念

学校对于文化自信教育应随着社会和时代的发展变化结合大学生这个年龄阶段成长发展的实际需要，无论是基础教育课程的设计还是教学，以及校园其他各个方面，都要积极采取实施适合大学生发展的措施。

甄别能力的培养和增进、判断能力的培养和提升、创新能力的提高和培养，能够使大学生在自己的学习和生活中坚定中华优秀传统文化自信。这就不仅需要丰富中华优秀传统文化培育的方式，而且学校教师要改变教学方法，而不是把中华优秀传统文化当作知识和素材来进行讲授。

教师要在传统文化课堂上讲授中华优秀传统文化知识，并使其能够真正地运用到大学生的生活之中，让大学生真正地爱上中华优秀传统文化。这就需要对教师队伍进行建设，积蓄传统文化师资力量，同时对于教学一定要有新的创意，而不能只是仅仅给学生讲授一个简单的故事而已，教学方式也一定要进行系统性的改革，千万不可采取"填鸭式"的授课方法，而应让教与学彼此沟通和互动。

弘扬中华优秀传统文化体现在我们社会生活的方方面面，中国的故事每天都在不断变化和更新。高校的思政课作为广大学生讲好中国故事、传播思想和中国声音的重要主阵地，要充分发挥其作用，这就要求思政教育工作者在工作和学习生活中一定要以身作则，为当代的大学生做出良好的示范和表率。

"学高为师，身正为范"就是要不断发现身边的好人好事，起到示范和榜样的作用，提升学生的思想人文素质，同时也有助于学生的道德和情操培养。中华优秀传统文化有着丰富的内涵，需要不断加强记忆和挖掘，从而使我们可以吸取更加丰富的文化营养。同时，当代大学生在学习中也更加能够找到学习乐趣，也更加愿意参与学习。当代大学生需要不断对古代思想理论文化及其相关的重要文化典籍进行学习，并且对我国优秀传统文化的精髓和时代性进行理解，增强传统文化创新和发展方面的时代性意识。我们知道，中华优秀传统文化的时代性是巩固和发展中国特色社会主义文化的基础和命根，应充分利用中华优秀传统文化来教育和培养当代的大学生的文化认同及文化有信。

2. 推进优秀传统文化与教育实践活动深度结合

中华优秀传统文化中包含着许多思想教育层面的理论与知识，对优秀传统文化思想教育资源的充分利用，可以促进高校思想政治教育实践活动的理论发展，同时也是新时代高校思想政治教育发展的主要方向之一。

（1）提升思想政治教育教师队伍优秀传统文化的素养

新时代背景下，高校思想政治教育实践活动依然是通过精神教育的手段来提升学生的精神层次，来达到使学生成才的目的。高校思想政治教育这门学科在塑造大学生的精神世界的过程中发挥着不可替代的作用，是高校开展精神人文教育的重要基础手段。但近年来，我国高校思想政治教育队伍的优秀传统文化素养并不突出，没有大范围运用相关理论来对学生进行精神层面的教育。因此，培养新时代大学生的优秀传统文化自信，一定要加强思政课教师队伍的优秀传统文化知识储备，充分发掘其中所蕴含的精神教育理论资源。

美国认知派教育心理学家奥苏贝尔（Ausubel）提出了"认知同化理论"。认知同化理论的基本观点是新知识的学习必须以已有的认知结构为基础。"学习新知识的过程就是学习者积极主动地从自己已有的认知结构中提取与新知识最有联系的旧知识，并且加以'固定'或者'归属'的一种动态的过程。"认知同化理论表明，学生已确立起的现有知识体系与基础是影响其学习与自我接受教育的重要因素。奥苏贝尔的认知同化理论对于通过思政课给大学生打下一个坚实的优秀传统文化知识基础，更好地发挥思政课在学生群体中广泛构造传统文化基础认知功能具有重要的理论意义。认知同化理论同时表明学生已有的知识体系对于新知识的接受与积累具有正向影响作用，要使高校其他培养大学生优秀传统文化自信的手段发挥作用，就必须通过思政课打下一个坚实的知识体系基础。认知同化理论也从反面向我们证明，对没有形成基础认知的学生群体过早深入开展更加具有知识性的传统文化课程，并不利于提升学生对于所开展课程的学习兴趣，甚至可能会产生反面的影响。因此，提高教学实施者的优秀传统文化知识储备与专业程度，使教学实施者深度掌握并熟练运用相关知识就显得尤为重要。

帮助学生建立一个扎实的传统文化认知体系基础，在大学生通过自身主动性去学习传统文化知识时，可以起到加速知识积累的重要作用。由此可以得出，教师自身的传统文化素养，对于整个教育效果具有直接影响。提高思政课教师的优秀传统文化素养可以从以下三方面着手：

第一，教师要有扎实丰厚的优秀传统文化知识贮备。教师自身要对优秀传统文化知识架构有一个清晰的了解，对优秀传统文化所提倡的价值观、道德观、理想信念方面的知识要更加了解，要把相关文化知识同思政教育理论结合起来进行理论教学。在面向大学生授课时，除了要讲解马克思主义理论所提倡的社会责任感与为共产主义事业奋斗的神圣感，还要融合对个人品德修养的锤炼。

第二，要不断提升传统文化知识理论在思政课堂上的应用频率与深度。在思政课的讲授中，马克思主义理论的科学性与时代性是思政课讲授的重点之一。给学生讲解优秀传统文化与马克思主义相融之处，可以使学生了解到优秀传统文化

第四章 中华优秀传统文化与文化自信培养

依然具有时代价值,并且在新时代有很大的实用价值,令学生从理性心理层面认同传统文化经过千年发展依然没有与时代脱钩,依然有着旺盛的生命力。

第三,教师要注重"身教"。"身教重于言教",教师的个人行为与所教授的理论知识可同样起到影响学生的作用。教师以个人行为去践行优秀传统文化所提倡的价值观、道德观,是对学生更加有力的一种心理引导,不仅仅从理论方面,也通过实践与心理加强对新时代大学生的优秀传统文化自信培养。

(2)充分利用优秀传统文化的实效性,充实教育内容与教学方式

以高校为主要阵地培养新时代大学生对优秀传统文化的自信,而主要方式依然是通过思想政治课堂与教育实践活动相结合。但由于科技的发展与时代的快速变化,面对相对传统的思想政治教育课堂讲授方式,学生逐渐出现了提不起兴趣与感到枯燥乏味等心理现象,致使思政知识无法引起大学生的兴趣与心理上的共鸣,进而思想政治教育培养优秀传统文化自信的实效性大打折扣。

对于大学生来说,传统文化中蕴含着许多富有启发性的人生哲理与智慧。因此,可将优秀传统文化的实用价值带入课堂,借助生活实例讲解充实教学内容与方式,提升大学生的兴趣,引发大学生从心底产生共鸣,使思想政治课堂变得更受大学生群体欢迎。例如,在对优秀传统文化所蕴含人生理念进行讲解时,可以结合当时所处的历史背景与历史故事,加强对大学生的吸引力。

打破传统的单纯理论的讲授方式,与历史故事相结合,变枯燥为有趣,提升兴趣的同时让大学生对优秀传统文化知识产生更深层次的渴求。在教授优秀传统文化的同时也应与党的根本宗旨与治国理念相结合,例如,思想家管子提出"政之所兴在顺民心,政之所废在逆民心"的观点,就可以与现在的惠民政策相联系。可以看出不论在过去还是现在,对个人还是社会,优秀传统文化依然具有很高的价值与适用性。

优秀传统文化所蕴含的丰富思想教化理论与观点是极具实用价值的。通过传统文化与思政课的结合,可最大限度地发挥思想政治教育课对大学生精神教化的积极作用。充分利用优秀传统文化的实用价值,有利于充实高校思想政治教育的教学内容与底蕴,同时能够切实提升与培育学生对优秀传统文化的兴趣与认同感。

(3)积极使用新兴媒体,创新教育手段

进入新时代,互联网与媒体的发展完全改变了人们以往进行社会性实践活动的方式,带给人们之前从未有过的便利。

新媒体的发展改变了原有的传统教学方式与学习形式,使学生获取知识的途

径不仅仅局限于通过教师的课堂授课，并且其单位时间内获取的信息量是传统方式所不能比较的。在信息爆炸的新时代，高校为了更快、更好地实现预期的教学目标以及改进教育模式，必定需要改革以往传统的教育模式与手段，充分利用新媒体这一全新科技教学手段。具体来讲，可以从以下几方面实施：

第一，在传统形式的课堂教学中应增加媒体技术辅助手段，使学生不必依靠自身的想象，可以通过视觉、听觉以更直观的方式学习，这样对教学内容的印象会更加深刻、理解会更加透彻，让大学生在获得知识的同时也能通过感官刺激强化内心对教学内容的接受。

第二，在课堂结束后，教师可以运用QQ、微博、微信等社交软件对课堂上学生所没能及时消化理解的内容以及更加感兴趣的内容进行沟通，对其进行相应的辅导。

3. 形成优秀传统文化融入学习生活的多元格局

大学生群体进行自我深造的环境同时也是其生活环境。因此，通过使优秀传统文化融入大学生的课余学习生活来营造一个氛围良好的优秀传统文化学习与生活实践的多元格局，可以为培养大学生文化自信提供有力的环境保障。

（1）营造优秀传统文化氛围，建设良好育人环境

大学生的日常学习、生活、交友基本都是在大学校园内部有序进行的，学生的核心价值观、思想品德的修养也都会直接受到整个学校精神文化氛围的熏陶。因此，为了真正达到教书育人的根本目的，必须要把现有校园精神文化教育作为制度建设的支柱，为全体学生的健康成长构建良好的环境。

首先，学校管理部门要切实做好核心价值观的宣传，使全体学生能够深入了解中国特色社会主义最核心的价值观，并对学生进行思想意识的武装，树立远大理想。

其次，打造健康、和谐的教育环境，使全体学生能够自觉遵守国家的法律法规、学校的校规校纪，同时大学教书育人也能够有序地进行。学校管理部门要充分认识到建立和给予全体学生良好的教育环境的意义和重要性，通过多重途径和多种方法使得学校的各项规章制度正常施行。

此外，学校还要注意校园文化制度的全面性，校园里每一项制度都应该考虑全面。例如，在校园管理制度和文化建设方面可以充分体现一种人文性的关怀；就餐服务管理制度建设方面可以做到尊敬师长、自由有序；在校园生活管理制度建设方面倡导勤俭节约；课堂教学制度建设方面可以提倡早上起来诵读一些中华优秀经典。这些良好的制度都促进了学校秩序的良好正常运行。这样的制度仅仅

制定出来不是目的，还应该得到学校全体师生的有效践行。在制度建设中，学校还要坚持教育与监督相结合、奖励与惩处相结合，求真务实，切忌形式主义，增强制度执行的力度，使学生能够自觉遵守规则程序，做到自我管理、自我教育、自我转化，从而不断推进校园制度的良性健康发展。

学校可以安排书法、绘画以及传统工艺等相关课程；举办经典诵读、专题讲座、知识竞赛等活动；学校的广播可以在每天中午都播放关于中华优秀传统文化的一些故事；校园网、板报、文化教育长廊等都可以宣扬中华优秀传统文化；在围墙、食堂餐桌上张贴中国历史典故和名人名言。这些方式使得学生不但可以释放日常学习带来的心理压力，而且极大地促进了教师和学生身心健康发展。

此外，学校还要在合适的时间和地点设立育人文化警示牌、名言警句雕塑展示牌、先贤事迹雕塑造型等，打造富有中华民族气息的育人文化环境，使教师和学生时时处处都能深刻感受到大学校园的特色育人文化氛围，潜移默化地使师生受到熏陶和感染，从而使大学生的身心健康发展、精神得到洗礼、价值观得以确立。

具体到基础设施建设层面，就要求学校加大对校园育人工作的资金投入，加强基础设施的建设，引进先进的多媒体等信息化设备，实现网络的全覆盖，满足教学需求，创建良好的育人环境。学校要加强对学生文艺活动场所的建设，促进学生文艺活动的开展。此外，增加图书馆里软硬件设施的投入，以学生为本，使阅读需求更显个性化。另外，餐厅、宿舍等同样也要改造升级。也就是说，学校的环境创设要围绕中华优秀传统文化，这样中华优秀传统文化就会无形地影响大学生的日常学习及生活。

概括来讲，营造良好的校园优秀传统文化氛围主要从以下两个方面开展：

第一，创建良好校园精神文化。校园精神文化是可以随时发挥高校文化氛围思想教化作用的隐性教育手段。传统文化对大学生的思想教化是一个潜移默化的长期过程，在传统教学之余，通过传统文化与校园精神文化的良好结合，达到润物细无声的教育效果，令大学生时刻都能受到传统文化教育。

第二，充分利用物质文化载体。优秀传统文化可以通过校园建筑、景观、雕塑等方式展现出来，让学生可以用感官感受到的方式，受到校园精神文化的隐性熏陶，通过最直观的心理引导培养新时代大学生对优秀传统文化的自信。

（2）运用优秀传统文化资源，开展校内外实践活动

要使新时代大学生充分发挥所学的优秀传统文化知识的功能，不能仅仅依靠理论学习，而应当在课堂学习优秀传统文化相关的理论基础知识的同时，结合校

内外实践活动,加深对理论知识的理解。

首先,高校应举办多种形式的社会性文化实践活动,激发新时代大学生对优秀传统文化的兴趣,将优秀传统文化教育延伸到平时的课余生活中。例如,可以举办国学经典读书交流会、古典文艺表演、特色物质文化产品校园展览等,从实践层面使大学生直观了解优秀传统文化的魅力,增强对我国古代文化艺术等的认同度。

其次,积极开展文化继承交流活动。大学生作为传承与发展民族文化的重要群体,有责任将民族传统文化向世界传播,从而提升中华文化的影响力。这就需要大学生借助自身的优势,利用熟知的媒体平台或载体,运用有效的文化传播媒介,将优秀传统文化加以传播,弘扬中华文化的精髓。

最后,组织大学生积极参加校外文化实践活动。开展校外实践活动是传统教育的必要延伸,是实现新时代大学生优秀传统文化自信的重要途径。大学生只有通过理论学习融合自身的实际运用与操作,才能更好地理解所学的文化知识。因此,高校应定期组织形式多样的校外文化实践活动,例如,参观文化博物馆等。此类实践活动可以使新时代大学生更真切地了解中华文化的历史,感受我们民族优秀文化的精髓。

(3)发展优秀传统文化事业,营造良好传承环境

良好的客观环境对个人的成长和发展是至关重要的,对于优秀传统文化的传承发展事业来说,拥有一个良好的环境同样重要。我国的优秀传统文化事业在中国共产党的领导下,取得了较大的发展。高校的努力也为传统文化的传承与时代性发展提供了一片沃土,使得新时代大学生获取优秀传统文化知识的渠道增多。与此同时,优秀传统文化影视动漫作品层出不穷,在丰富大学生课余文化生活、提升对优秀传统文化的兴趣之外,也使得新时代大学生在做未来职业发展规划时,开始倾向于从事文化知识产业。由此可见,良好传承环境的建立对国家优秀文化事业的发展具有重大现实意义。因此,应为我国优秀传统文化传承事业的发展提供一个优越的、充满文化活力的大环境。

营建一个良好的中华民族优秀传统文化传承环境需要各个方面的共同努力。首先,党的号召与国家的建设是构建良好的传承环境最有力的保障。党和政府要对中国优秀传统文化事业的发展给予大力的支持,给从事优秀传统文化事业的从业者提供良好的政策保障。其次,良好的传承环境也需要舆论的支持。这就要求我们应积极利用相关传媒手段,在全社会形成良好的舆论效应,充分利用类似学习强国这样的学习平台。最后,在舆论与政策的倡导下,将所具备的环境优势落

实进入教育环境与环节中。通过改变大环境，实行高校育人理念的相应变换，改变以往更加倾向科技而忽略人文素养的育人理念，实现大学生群体的全面发展。

新时代的大学生成长环境较之前有很大不同，整体心理状态也有所差别。因此，我们应积极探索在新时代背景下大学生优秀传统文化自信的培育路径，通过多层次、多维度、多方向施策，切实增强大学生对中华优秀传统文化的自信心与认同感。

（三）家庭层面：注重对大学生中华优秀传统文化的落实

大学生在校园里对中华优秀传统文化有了一定的认知，回到家里要将所认知的中华优秀传统文化应用于实际，这时就需要家庭成员的配合。家庭要增强传统家教的合理性意识，树立良好的家风来落实中华优秀传统文化，进而培养大学生的家国情怀。培养对中华优秀传统文化的热爱，应从小时候抓起。

1. 增强传统家教的合理性意识

在中国传统文化中，家与国是始终紧密联系在一起的，家是最小国，国是千万家。

父母是孩子的第一任老师，父母带给孩子的影响是深刻长远的。那么传统的家教就显得尤为重要了。家长在工作之余可以多看一些关于中华优秀传统文化的书籍，尤其是关于传统家教思想的，他们的习惯也会影响到孩子，一方面使自己的精神境界得到了提高，另一方面也能够使孩子接受良好的家庭教育。

家长在丰富孩子业余文化生活时，可以推荐孩子读一些经典名著，也可带孩子学习中国古典乐器，如古筝、二胡、琵琶。孩子能够在这些丰富的业余文化生活中学习中华优秀传统文化，并把所学、所看、所听的中华优秀传统文化知识落实到生活中，学会为人处世的道理。

2. 培养优良的传统家风

家风是家庭文化的写照，一个家庭拥有良好的家风有助于孩子形成正确的价值观。家风作为中华优秀传统文化的表现形式之一，一个家庭拥有什么样的家风在很大程度上会影响孩子对于中华优秀传统文化的践行。例如，尊老爱幼和长幼有序这一尊卑观念，"见贤思齐，见不贤而内自省也"的修身观念，还有"与朋友交，言而有信"的交友观念等。家风是优秀传统文化的如实呈现。

孩子在这样的优良家风环境下成长，不但能够形成正确的"三观"，而且能把中华优秀传统文化落实到生活中。因此，一个家庭拥有良好的家风便是对中华优秀传统文化最好的传承与践行。

（四）大学生：加强对中华优秀传统文化自信的意识

社会加强对大学生中华优秀传统文化的熏染，提高了大学生的中华优秀传统文化自觉；学校加大对大学生中华优秀传统文化知识的传授，培养了大学生对中华优秀传统文化的认知；家庭注重对大学生中华优秀传统文化的落实，增强了大学生对中华优秀传统文化的认同。当大学生对中华优秀传统文化有了认知和认同，对于中华优秀传统文化传承的自觉性会得到增强，文化自信的意识也会进一步增强。

1. 提高对中华优秀传统文化的认同度

大学生如果能够不断提高对于中华优秀传统文化的认识和文化认同度，就会具有很强的社会责任意识，便能自行努力去不断传承中华优秀传统文化。

有效传承本身应该是一个文化传与承双向的连续过程，这个过程在很大程度上受传授者和传承者的主观因素影响。大学生在传承中华优秀传统文化时，如果没有传承的想法，没有对中华优秀传统文化传承的意识，不认同中华优秀传统文化，那么即便给大学生再多的中华优秀传统文化方面的教育，对于大学生来说也是一种徒劳。因此，首先要做的事情就是进一步加强和提高大学生对于中华优秀传统文化的认同度。

此外，大学生也会自觉增强和建立对于中华优秀传统文化保护和传承的社会责任意识。要想大学生传承传统文化并长期坚持下去，就要有一些具体的方法来激发他们的积极性。例如，可以制定一些奖励规则，激发更多的大学生参与中华优秀传统文化传承的热情和使命感，对于表现好的优秀大学生可以给予相应的奖励。如此，大学生对中华优秀传统文化也就会越自信，从而成为保护和传承中华优秀传统文化的卫士。

2. 构建对中华优秀传统文化的认同心理

构建大学生对本民族优秀文化的认同心理是培养其优秀传统文化自信的最直接有效的方法。大学生在校期间所形成的个人行为意识与价值认同等因素，在他们毕业走向社会后，依然会产生很大的影响。一代一代传承，慢慢形成正向的社会心理，对于国民整体认同优秀传统文化可以起到事半功倍的作用。而由于新时代大学群体的特殊性，对其进行心理引导需要结合时代背景，运用新时代大学生最容易接受的培养方式，以此建构与引导大学生形成对本民族文化充分认同的心理格局。

第四章　中华优秀传统文化与文化自信培养

（1）引导大学生正确认知优秀传统文化，加强文化认同感

通过思政课来培养新时代大学生对优秀传统文化的认同心理是最为直接的手段之一。思政课主要就是针对大学生在校学习期间的人格与价值观构成做出引导与培育，是大学课程中可以直接影响大学生个人心理与价值观的主要课程之一。而通过思政课来构建新时代大学生对中华民族优秀传统文化的认同，可以从以下两个方面来进行引导：

一方面，引导新时代大学生正确认识与了解传统文化的发展历史，使其对本民族文化形成正确客观的认识与评价。大学生对传统文化的自信来自对传统文化的认同感与自豪感，体现为愿意积极主动继承的意愿，以及对传统文化在新时代背景下的光明前途充满信心。应该让大学生明确我们国家能够取得当今的发展成果，与优秀传统文化所发挥的积极作用是不能分割的。应使大学生认识到文化对于国家与民族的重要性，令其从感性心理上接受本民族文化的优秀事实。

另一方面，通过对优秀传统文化德育资源的讲解，使新时代大学生充分客观地了解优秀传统文化所提倡的价值观与道德观。以优秀传统文化所提倡的价值观与道德观为引导，构建新时代大学生对其的认同心理，并以此开展思想教育活动，令新时代大学生意识到我们民族的传统文化核心道德追求不仅没有变，而且随着时代的需求在不断进行自我革新。优秀传统文化中的道德思想和我国核心价值体系之间相辅相成，在某种程度上，传统文化中的道德思想正是核心价值体系中道德要求的文化来源与历史依据，而核心价值体系又可以不断提升大学生对优秀传统文化中的道德思想的领悟。通过宣传优秀传统文化的道德理念，引导新时代大学生充分认识其社会价值。

（2）塑造新时代大学生的价值观

如今，新时代大学生对优秀传统文化的认同面临着被不良思潮与价值观侵蚀的风险。这些不良思想会导致部分新时代大学生对优秀传统文化的认同与主流价值观信念的动摇。其通过网络媒体进行潜藏式的入侵，对我国优秀传统文化与价值观话语权造成变相的消解。我们必须坚定地维护主流价值观念，应以优秀传统文化德育价值观为引领，塑造新时代大学生的价值观与对传统文化的认同。

塑造新时代大学生正确的价值观念和对优秀传统文化的认同，代表着对中华民族价值信仰的坚守，也是对核心价值体系的坚守。高校应以优秀传统文化中的"爱国主义"教育作为塑造是非观的核心，以培养新时代大学生"君子"人格修养作为人生观与价值观的培养重点。通过进行文化实践活动，加深新时代大学生对优秀传统文化的认可。同时，把优秀传统文化德育资源转化为大学生普遍认

可、接受的价值观念和道德规范，与核心价值体系中的相应价值取向相结合，凸显我国传统文化优秀之处。高校应充分考虑大学生的心理特点，通过培养，使核心价值观念体现在大学生物质生活和精神生活的各个方面，借此增强大学生的文化认同心理，在塑造新时代大学生的价值观中潜移默化地完成文化认同心理引导。

以优秀传统文化的德育资源为依托，塑造大学生核心价值观，是为了让大学生从更加理性的角度去认同本民族的文化，从而领悟传统文化的精髓。大学生从理性角度认同优秀传统文化的价值与生命力，会使得对其文化认同与自信心理的塑造与培养变得事半功倍。

（3）培养新时代大学生辩证思维意识，提高文化辨别能力

为什么要培养大学生用辩证思维看待问题的意识？一个民族的文化要想不断发展，必须辩证地看待自身与其他文化。只有辩证地看待我们自己的文化，才能真正地深入了解它，才能帮助它得到时代性的发展。世界上所有的文化都有其自身的优势和局限，辩证地看待外来文化才能够帮助我们分辨什么是可以帮助我们自身取得时代性发展的，而什么又是文化糟粕。学会利用辩证的思维看待我们的文化是实现文化认同的理论条件之一，而提高大学生辩证思维的意识与能力，就要通过学习辩证唯物主义来达到。

高校应重视对大学生群体辩证思维的培养。首先，应引导大学生学会辩证地对待传统文化，以时代的眼光看问题，发掘传统文化中具有时代合理性的内容，并对其进行继承和创新。同时，辩证地去看待身边的事物，有利于增强大学生对于知识理论自我探究的积极性和主动性。高校应意识到，大学生是中华优秀传统文化传承的重要力量，是实现我国伟大复兴的中坚力量。在新时代的背景下，优秀传统文化要继续随着时代发展绝不能脱离大学生这一特殊群体。其次，引导大学生正确看待外来文化，取其精华，去其糟粕。文化之间的交流与发展是相互的，文化具有传承性的同时也具有其时代属性，外来文化在向中国传播的同时，中国的优秀文化也在向全世界展现自己的价值。

加强我国优秀传统文化与世界优秀文明成果的集合，首先要做到辩证地看待世界文化。大学生作为一个国家最具有时代活力与创造力的群体之一，是我国文化事业发展的中坚力量。培养大学生辩证地看待问题的思维方式，能够增强大学生对传统文化的理性认识与认同感。大学生拥有辩证的思维方式，可以做到对传统文化不以偏概全，不盲目崇拜外来文化，这对高校进行思想教育工作是具有重要作用的。

第四章 中华优秀传统文化与文化自信培养

3. 树立起对中华优秀传统文化的理性认识

提高大学生对于中华优秀传统文化的自信不能简单地停留在表面上,更重要的是应该落实到实际生活和学习之中。互联网的普及为文化的传播提供了快捷便利的条件,大学生通过各种社交工具能够感受到中华优秀传统文化带来的魅力和乐趣,从而将中华优秀传统文化深深融入自己的学习和生活之中。这样不但能够促进大学生的全面健康发展,热爱生活,认真地学习文化知识,养成热爱学习的良好习惯,还能受到中华优秀传统文化的熏陶。

中华优秀传统文化的继承和发展不仅对我国的经济发展有重要的支撑作用,还可以推动我国文化和历史继续向前,也是实现伟大复兴中国梦的推动力,对于文化自信的培养具有重要意义。

第五章　中华优秀传统文化与文化自信的育人功能

　　文化是一个国家、一个民族的魂，随着时代的前进步伐，国与国之间文化软实力的较量越来越激烈，树立优秀传统文化自觉对于提升文化自信具有重要作用。通过创新文化育人理念，丰富文化育人实践，可真正实现中华优秀传统文化的功能。本章分为文化自信、文化自觉与文化软实力建设，创新文化育人理念，丰富文化育人实践，构筑文化育人体系四个部分。主要包括软实力、文化软实力的相关概念，文化自信、文化自觉与文化软实力建设的途径，文化育人的概念及国内外研究概况，传统节日文化、校训文化、网络文化育人实践等。

第一节　文化自信、文化自觉与文化软实力建设

一、相关概念界定

（一）文化自觉

　　费孝通先生对于"文化自觉"的认识是通透的，他晚年一直孜孜以求，誓要在多元文化发展中为中华民族谋求新的立足之地。1997年，费孝通在北京大学举办的高级研讨班上明确地指出："文化自觉是指生活在既定文化中的人对其文化有'自知之明'，即明白它的来历、形成过程、所具有的特色和发展趋势，不带任何'文化回归'的意思，不是复归文化，同时也不主张'全盘西化'或'坚守传统'。自知之明是为了增强对文化转型的自主能力，取得适应新环境、新时代而进行文化选择时的自主地位。"

　　文化自觉就是要在有"自知之明"的基础上形成对文化自身的认知，并不断提升走向新文化的能力。进入21世纪以来，中国在经济迅速发展的同时也将

第五章　中华优秀传统文化与文化自信的育人功能

持续发展的目光转向文化之中，文化作为一种灵魂力量越来越吸引国人的关注。伴随着文化的重要作用日益彰显，无论是社会主义先进文化的提出，还是对文化自信的深入研究，都需要对文化本身有新的认识和理解，构造全新的文化。尤其是 2011 年前后，笔名为云杉的学者将文化自觉的主体性认知引入新的文化发展之中，他指出，文化自觉主要指一个民族、一个政党在文化上的觉悟和觉醒，包括对文化在历史发展中的作用的深刻认识，以及对发展文化历史责任的主动担当。

重塑文化意义的角度将文化自觉纳入文化自觉、文化自信和文化自强的"三自"文化逻辑里，使其变成实现社会主义文化建设的重要环节，更加突显了文化自觉在文化发展中的地位与作用。这种具象的认知将文化自觉与政党、民族等一定文化主体紧密联系在一起，从而在认识角度上突破单一的文化理念，成为带有文化与政治意蕴的双重内涵。特别是现在中国特色社会主义进入了新时代，文化的力量得到了更为重要的表达，社会主义现代化和中华民族伟大复兴中国梦的实现必然需要高度发达的文化作为支撑力量。文化作为一个国家的灵魂所在，彰显的是整个社会发展最为核心的精神要素，没有文化领域的现代化对于中国特色社会主义事业而言是不完整的。而这其中文化的高度自觉是保持文化自信的实质要求。文化在不断的自觉意识中进行量的积累，完成质的飞跃。在文化重新塑造和发展过程中，需要自觉认识文化本身，通过一系列的手段来构造文化形态，重新追溯文化自觉的源流，是对这一文化理念和范畴深入解读的进一步探索。学术界围绕"文化自觉到底是什么"这一关乎其本身界定性的问题，展开包括认识论、价值论、精神论等多范畴视角的解读，不同的学者力图在各自切入点中获得对文化自觉最为直观的表达。当然，文化自觉随着时代的发展而增添了新的义化元素，对其的理解和考量要在唯物辩证法的发展观点中持续深化。

文化自觉所体现的理念、意识、状态都是自我深刻认识的外化表现。从认识、价值、精神以及理论与实践的统一的多方视角，其体现的是对文化自觉本身的深入挖掘，用文化的认同、觉悟、批判、反思等基本点来阐释这一概念的核心表达。主体性意识的凸显在一定意义上而言就是为了事物本体最大程度的自我展现，这是一种方法论认知和运用的重要手段。文化主体不是文化个体，它具有明确的指向性和聚集性，是文化之中特定概念的衍生物。

（二）文化软实力

1. 软实力

约瑟夫·奈在文章《The Challenge of Soft Power》中，对软实力的概念进行了进一步的概括，他指出："软实力是一个国家的文化和意识形态所生出的吸引力，它通过吸引力而非强制力影响其他国家的行为，并得到理想的成效，如能够让其他国家信服地跟随你，遵循你所拟定的行为标准或制度，并按照你的设想行事。软实力在很大程度上依赖于信息的说服力。如果一个国家可以使它的姿态在其他人眼底具有吸引力，并且鼓励其他国家依照追求并存的要领加强限定它们利益的国际制度，那么它无须扩展那些传统的经济和军事实力。"约瑟夫·奈在《Soft Power: The Means to Success in World Politics》一书中进一步完善了软实力的概念，"软实力是一种能力，它能借助吸引力而非威逼或利诱实现目的。这种吸引力来自一国的文化、政治价值观和外交政策，当在别人眼里我们的政策正当、合理之时，软实力就获得了提升"。他在该书中对软、硬实力进行区分，并以美国为例，全面论述软实力的来源以及如何影响国家综合实力。在比较世界各国软实力时，约瑟夫·奈认为，与美国力量最靠近的竞争者是欧洲，亚洲国家也具有丰富的软实力资源且在急剧上升，约瑟夫·奈估计亚洲国家21世纪中叶就能达到有史以来的最高水准。同时，该书还强调了信息时代中非政府组织所展示的软实力。

软实力是与硬实力相对应的，软实力形象地概括了思想、文化、精神、制度、话语权、国家形象等影响力的共性。软实力是一种无法估量、无形的实力，主要是指精神、意识形态等蕴含的实力。

2. 文化软实力

约瑟夫·奈认为文化软实力与一个国家的政治价值观和外交政策构成该国的软力量。因此，约瑟夫·奈的软实力观是以文化软实力为主要内容的，具有工具理性的色彩。

我国大多数学者认为文化是国家软实力的核心因素，把约瑟夫·奈的软实力与中国优秀传统文化相结合，形成我国国家文化软实力。

一个国家的文化软实力离不开该国硬实力，两者是相辅相成、彼此促进的。文化软实力对内强化民族凝聚力，对外发挥国际影响力与加强话语权。文化软实力作为国家综合国力的重要构成部分，不仅仅要着眼于民族和国家的政治影响力和国际话语权的掌控力，而且要重视国家内部的价值观建设、道德文明建设，同时让本民族的文明引领全社会，促进人类文明发展。因此，我们不仅要注重文化软实力的工具理性价值，更应该重视文化软实力的价值理性价值。不能只追求工具理性、只从利己主义出发，充当国家霸权主义的工具，更应该从有利于全人类的角度出发，促进全社会的文明发展，构建人类命运共同体，只有这样，国家文化软实力才能更大化地发挥作用，正确引导社会进步与人类文明的长远发展。

3. 文化软实力的特点

（1）软实力是无形的、主观的，但也是具有感性的。例如，人们对一个国家的文化氛围、民俗风情、人文素质等都有自己的了解渠道和认知水准。软实力是难以量化的，它是一个国家的整体形象让人产生的主观感觉和个人印象。

（2）兼顾传统和时代。追本溯源，软实力是在漫长的历史演进和时空变化中逐渐形成的，包括社会制度、意识形态、人口素质、经济发展、生活方式、区域形象、文化传统、信仰习俗等。同时，它的形成、发展、变化与时代的发展、社会的变革，以及国内外的社会环境变迁有着密不可分的关系。软实力在一定的条件下才能够延续，只有代表时代潮流、体现时代特色、符合社会发展规律才能持续发展。尤其是在复杂的现代社会中，软实力处于多方因素的影响之下，与经济发展、知识更迭、科技进步、信息变化的关系极为密切。

（3）软实力是系统的、全方位的、全面的。各种要素相互关联、彼此影响又相互促进。

（4）从软实力的增长和影响的特点来看，体现为潜移默化、可扩展性和可持续性。它的影响不像政治力量那样粗糙，不像经济力量那样"物化"，不像科技力量那样精确，它需要迅速转化为生产力，通常取决于一个特定的载体。

（5）软实力与硬实力息息相关，二者在相辅相成的同时还各有制约作用。后者是前者的发展基础和载体，而前者是后者的延伸。

4. 文化软实力的基本构成

民族凝聚力包括各族人民对国家的拥护、对政权的维护、对祖国的热爱。凝聚力越强、向心力越大，一个国家的影响力就越大。中国是多民族国家，由56个民族组成，经过漫长的历史所形成的文化独具特色，尤其是新中国成立后，社会主义建设已经走过70多年的历程，如今国家繁荣，显示出强大的民族凝聚力。

文化传承是一个民族在发展过程中长期积累下来的文化延续生存、持续传播、不停完善、不断延续的过程。五千多年的历史造就了我国丰富的人类文明和民族传承，作为世界上文化延续时间最长、文化遗产最丰厚的国家，展现了中华民族超强的文化传承力。

文化影响是指一个国家的文化在世界上的地位，以及它对其他国家或民族文化的影响。判断一种文化是否强大，取决于它的国际影响力。影响力越大，地位越高。中国文化要想获得更大的空间，就必须继续积极开展对外文化交流，扩大影响。

政治价值观的正确性和经济制度的适宜性直接关系到发展和稳定的大方向。改革开放政策实施已有几十年，一直处于首要位置的是经济建设，发展国民经济。在实现经济繁荣不断提升人民物质生活条件的同时，自身政治观得到发展和完善，使我国政治环境和经济环境稳定和繁荣。

文化软实力的直观反映是公民素质和国家形象。中国传统礼仪世代传承，尤其是近代以来，随着礼节教育、文化教育的加强，我国公民的个人素质和个体形象不断提高，中国人温和理性、彬彬有礼的形象越来越突出。国家是个体的集合，公民个体素质代表了国家形象，中国致力于建设和平的国际环境，让世界看到了"不一样"的大国，给自身带来了更优质、更开阔的国际发展空间。

众多因素构成了文化软实力，每一种因素的进步，每一种力量的增长，都会带来文化软实力的上升。当一切以国家社会发展为方向，中国就会有无限的前进动力和无穷的吸引力，就会带着文化软实力的高速增长持续进步。

二、文化软实力建设的主要内容

（一）文化软实力建设的根——中华优秀传统文化

中国传统文化蕴含着丰富的人文思想，可以作为建设中国文化软实力的参考，这是一种独特的优势，是其他国家不具备的。从历史发展的角度来探讨，有大量的优秀元素存在于我国传统文化之中，其生命力是强大的，形成于中华文明几千年，从未中断过；从实践的角度看，中国优秀传统文化包含了探寻宇宙奥妙、探究人生真理、分析人性特点、探讨人生意义、热爱自然环境等古代哲学理念。这是几千年来影响中国人的精神内核，是一种超越时空的文化形式，是中华民族最深沉的精神追求。

传统文化不仅包含民族精神，还包含在历史中形成的生活方式、不断积累的人生哲理、提炼于生活的生存智慧、不断升华的审美习惯、自然形成的思维方式以及学术探索和政治理论等。在我国，上述这些都是中华民族在长期的生活感知、人生感悟和对世界理解的基础上逐渐构建的，如"己所不欲勿施于人"的为善原则。传统文化是本土的、历史的、民族的，是一种文化元素，更是一种社会发展的资源。

传统文化中所体现的道德标准和伦理思想，不仅对人的思想方式、言行举止具有指导意义，而且在不同历史发展阶段表现出了时代特征。在现代生态建设中，环境保护理念是优秀传统文化体现时代特征的典型范例。中国古代的生态文明概念大致可分为两大类：一是在保护生态环境，按照自然规律开发自然；二是保护生态平衡，维护人与自然的关系，根据可持续性的原则不断开发自然资源。中华优秀传统文化经过历史积淀和时代发展，形成了新的中华精神和道德风尚，成为唤醒人们文化意识和树立国人文化自信的必要精神支撑。

建设国家文化软实力，要实现传统文化资源转化的最大化，使五千多年博大精深的中华文化与实际需求相结合，超越时空限制、内容抽象的挑战形成现代社会易接受的形式，向世界展示，扎牢国家文化软实力的根。

（二）文化软实力建设的保障——中国特色社会主义制度

文化是一个国家政治制度与经济发展的反映，国家政策对文化有着最直接的影响。中国特色社会主义文化是对中国特色社会主义制度的直接反映，展示了中国特有的以人为本、代表人民利益的价值观。首先，国家制度是一国文化软实力的基础和源泉，制度优势增加了文化自信、增强了文化软实力；其次，制度本身就是一种文化，与文化软实力相融合，制度所具有的凝聚力、感召力就是文化软实力。因此，完善社会主义治理体系与提升治理效能，既是完善社会主义制度的要求，也是对国家文化软实力的提升。

（三）文化软实力建设的根基——中国特色社会主义道路

中国共产党在各个时期、阶段，都高度重视文化的建设。党的十五大提出要以马克思主义为指导建设有中国特色的社会主义文化，党的十七大提出建设社会主义文化强国，党的十八大强调文化建设对于实现中国梦的重要作用。要坚持走中国特色社会主义道路，弘扬中国特色社会主义先进文化，建设社会主义文化强国。在马克思主义指导下，发挥人的主体性，实现传统文化的继承与创新性发展。只有坚定不移地走中国特色社会主义道路，创造属于中国特色的社会主义文化，凝聚实现中华民族伟大复兴的文化力量，才能夯实国家文化软实力的根基。

(四)文化软实力建设的魂——社会主义核心价值观

思想道德建设的过程是复杂的,社会主义核心价值观所占地位极为重要,坚持精神文明的价值取向,发挥新时代的促进作用,使人的全面发展目标得以实现。由此可知,我国文化软实力的精髓,即社会主义核心价值观,是国家文化软实力基本理念的体现,同时也是信仰,也是在传统文化基础上的继承与创新。我国一直提倡符合国情、适合民生的价值观,中国悠久的文化历程、独特的文化色彩是文化自信的基础。因此,在改革发展的历史征程上,我们应该塑造和完善社会主义核心价值观,并在社会实践中,体现物质文明和精神文明的相互作用。

民众的价值认同在国家文化软实力的影响下得以深化,意识形态得以统一。人们在社会实践和日常活动中形成的行为共识和评判标准,对个人和群体的思想行为起着协调作用。如果一个人的行为或思想符合社会的主流价值取向和价值评价标准,那么文化改造和社会教育就容易走向成功。相反,如果一个人偏离了社会的主流价值取向,与社会道德、公序良俗背道而驰,就会产生文化的互斥。在核心价值观的作用下,文化软实力于内作用于精神世界,于外作用于实践行为。这其中所蕴含的先进文化理念,是个人与社会在新时代改革创新过程中,对时代目标的追求,是社会思想要求的体现。

(五)文化软实力建设的目的——实现文化自信

我国主张在文化自信的基础上实现"文明互鉴"的理念,在世界百年未有之大变局的形势下,大力促进我国文化与其他国家文化的交流合作,增强中国文化在世界的影响力和吸引力,让中国文化走向世界。在交流合作的过程中,根据国情做出正确的取舍,学习和借鉴优秀的文化,以此来增强中华民族的文化自信,形成良性循环,为实现中华民族伟大复兴提供精神力量。

(六)文化软实力建设的关键——国家话语权

国际话语权是一种被他国认可的能力,主权国家通过传导价值、公开观点予以实现。它的影响主要体现在有效传播中国对国际事务的判断、对重要决策的选择、对国内政策理念的公开发布,是中国赢得国际赞誉、扩大社会主义文化辐射面的表现。

世界各民族的文化在交流的过程中继承、传播和融合。在这个过程中,价值观的载体由文化来承担。可见,文化的传播直接影响着价值观的内化。换言之,

第五章　中华优秀传统文化与文化自信的育人功能

两种文化的共同影响是中国文化话语权的核心，如果一个国家具有强大的文化实力，在文化资本优势和文化传播能力的作用下，能够把自己的思想文化和理论产品向国际市场推进，对其他国家的文化体系所产生的影响是潜移默化的。同时，在多元、复杂的环境下，提升国家话语权，可以最大限度地利用世界文化资源，拓展传统文化推广的方式和域宽。

从内部看，文化软实力是国家对国家文化和政治价值观的认同。对外，是国际对国家形象和体系的认可的标志。可以说一个国家的软实力和国际形象以话语权的形式来体现，如果一个国家没有说话的权力，在国际社会，其文化影响力就会被削弱，其他国家也不会对其予以理解和尊重，对外交发展产生不利影响，使其处于非平衡发展状态，对于与其他国家或非政府组织国际交流合作所起的作用是被限制的。由此可知，某个国家是否具有参与国际程序和规则的能力，在某种程度上是由对外话语的吸引力和可信度决定的。为了使话语权提高，国际社会对中国的认识更加深刻和准确，当务之急是构建出新型国际关系，其核心是合作共赢。从微观层面来探讨，国家文化安全和各国利益是否能够达到平衡，国际话语权所起的作用是极为重要的，关系到国家的国际形象。从宏观上看，对世界不同文明的双向交流所起的作用是积极的和促进的，加速了文化输出和输入。

三、文化自信、文化自觉与文化软实力建设的途径

（一）推动中华优秀传统文化的创新发展

1. 推动中国传统文化与新技术的融合

在保存文物、传承文化的过程中，博物馆是非常重要的载体。在传统的博物馆中，采取的是实物展出为主并辅以文字介绍的方法，应以信息技术为基础，加强对博物馆的数字化、智能化改造。与传统博物馆不同的是，数字和智慧博物馆利用新技术，使"沉闷"的文物鲜活生动了起来，通过图片、实物模拟、影像等手段，观众的感官被充分调动起来。如在数字和智慧博物馆中，通过虚拟现实技术，观众可以在模拟的状态下触摸文物；通过虚拟交互技术，观众也可以在模拟的状态下畅游历史文化遗迹；通过三维动画技术，观众能够充分了解中华传统哲学以及少数民族文化等。传统文化在这一框架下不再高高在上，而是摘下面纱，与观者站在一起。这对传统文化的创新型转变意义重大。如在上海世博会上，中国馆以《清明上河图》为创作原型，通过运用数字技术等，以"由静画变动景"的方式，生动地再现了北宋都城汴京的繁华。在数字和智慧博物馆中，观众还可

以通过移动端随时随地了解文物的基本信息，也可以观赏通过现实增强技术而复原的已经破坏的文化遗址等。此外，在省、市等建立不同层级、不同专题、不同的博物馆网站，将内容影音化、数字化，并将其上传于网络之中，并建立三维虚拟文物浏览。这样不仅利于文物长久地保存，而且能够更加生动、直观地展现传统文化的魅力。

新媒体数字技术使博物馆的发展和展出方式发生改变，把多元化、交互式、体验感、娱乐性引入博物馆的构建中能够吸引更多参观者，扩大了传统文化教育的受众。新媒体艺术作为新艺术门类的一种，是数字技术与网络媒介相结合的产物，与传统艺术密切相关，囊括了传统艺术的特征，并同时具备专属于自己的特点。作为一种展现的艺术形式，新媒体艺术不是在炫技，而是以数字技术作为创作媒介，其传达特定观念与内涵的本质并没有改变。传统艺术作品，如画作、雕塑品等，带给人的是单一的感官体验。人从这些作品中获得的感受是直观的，而新媒体艺术带给人的则是全方位的感官体验。人从这些作品中获得的感受也是全方位的、互动式的。互动能够拉近观者与作品的距离，使作品更能直入人心。可以说，与传统艺术形式相比，新媒体艺术具备全息数字化的审美体验，散发着无与伦比的个性魅力。

新媒体艺术的内容来源是多样的，传统舞蹈、传统音乐、传统绘画、传统武术、传统建筑等都是其创作的源泉。如北京奥运会开幕式晚会上，新媒体艺术作品《画卷》惊艳亮相。《画卷》表现的是源远流长、精益广博的中华文明。而其所使用的媒介正是数字技术，由于数字技术的加持，把舞蹈表演、LED 视频播放、机械设备完美地融合为一体。"传统文化"与"新媒体技术"的交互不仅使传统文化流光溢彩，也让新媒体技术在不断运用中日益纯熟。再如国庆 70 周年联欢晚会，更是将"中华文化"与"新媒体"的联合运用推向了更完美的境地。晚会中呈现的文化元素包括"巍然屹立的长城""迎风飘扬的五星红旗""摇曳生姿的风筝"等，而这些全部是由 3290 块可折叠的手持光影屏来呈现的，这一视听盛宴也堪称世界的奇迹。新媒体艺术的发展与运用已成为大势所趋，鉴于此，全国重点艺术院校纷纷开设相关课程。这些课程并非仅仅对学生传授技术层面的知识，更是重在引导学生积极思考传统文化的深刻内涵，并鼓励学生将传统文化的具体内容、自己的深入思考，与新媒体艺术创作有机结合，使学生在传统文化的基点上进行探索，构建新媒体艺术理念。由此可知，学生新媒体艺术创作的思想源泉在传统文化教育的作用下而更加丰富，传统文化的形式得以创新的同时，也使学生认识到中国传统文化的深刻内涵。

第五章　中华优秀传统文化与文化自信的育人功能

2. 借鉴与吸收西方各国先进文明

世界文明是多彩的。吸收借鉴表示的是一种文明同其他文明之间的关系。中国对西方文化的借鉴、吸收并不是全盘的，而是在坚持以我为主的前提下进行的民族化。五千年中国文化的精髓在于海纳百川、有容乃大，在借鉴西方文化的科学精神基础之上，保留其合理成分，形成了具有中国特色、中国风格和中国气派的文化体系。如果世界上只有一种文明，就根本谈不上所谓的吸收借鉴。

历史经验表明，发展中国家不断扩大对外开放、提升对外开放水平，可以减少摸索时间，发挥后发优势，实现跨越式发展。从引进生产线到借鉴现代企业管理模式，从建设开发区到发展现代农业，从发展互联网经济到发展高新技术产业，从科技研发到文化产业发展，中国经济发展奇迹主要源于中国人民的辛勤创造，也离不开对各国先进经验的学习、吸收和借鉴。积极学习、大胆借鉴人类文明一切优秀成果，是中国不断发展完善的重要途径。当今世界各种文明多样共存，即使是将来，各种文明也应长期共存，在竞争比较中取长补短，在求同存异中共同发展。中华文明的历史经验表明，越是开放越是强大，越是强大越是开放。中国历史一再表明，能否不断了解世界，能否不断学习世界上一切先进的东西，能否不断跟上世界发展的潮流，是关系一个国家兴衰成败的大问题。中华文明具有极强的吸纳机制。对内，中华文明是多民族文化长期交融的产物。对外，中华文明与其他文明在不断交流中吸收借鉴。中华民族是兼容并蓄、海纳百川的民族。在当今多样性的世界文明格局中，中国要加强同外界对话和沟通，要善于发现各种文明的独到之处。中国要永远做一个学习大国，不论发展到什么水平，都要虚心向世界各国人民学习，以更加开放包容的姿态，加强同世界各国的互鉴、互通，不断把对外开放提高到新的水平。

（二）增强对红色文化的认同

1. 红色文化增强文化自觉和文化自信

增强文化自觉和文化自信，促进社会主义核心价值观发展是促进新时代文化自信的重要途径。正是在这样的时代背景下，我们需要以民众对于红色文化的认同来表达文化自信的特殊魅力。

红色文化认同与文化自觉和文化自信有着密切的关系，甚至可以说前者是后者的表现基础。红色文化认同作为人类活动的一种形式，是在特殊文化自身发展过程中逐渐形成的。它通过自我认识的过程，将各种外来文化现象内化为自身的基本要素，从而影响或指导人类的行为和实践活动。早在泰勒定义文化是习得的，在我们生活、生产和生存的过程中，一个群体以习得的方式保留和传承某一种文化，这意味着他们认同这一种文化，这种现象的实质是一种文化主体有意识的行为，这种意识是自发的，不存在外界强加的问题。红色文化认同的这种自觉性表明了文化主体对一种文化的认同，即他相信这种文化，对这种文化有一种自信。

正如费孝通先生所说，"文化自觉"部分涵盖着文化自信，即是说"文化自觉中包含了文化自信，但并不是它的全部"。在我们看来，文化自觉的内涵主要是指文化主体对自身文化有积极的认识和认同，会主动为自身文化的发展和进步承担社会责任。对于文化自信而言，是指文化主体具有拓展自身文化、展示自身文化主张、弘扬自身文化价值内涵的强烈愿望。文化自觉和文化自信之间具有内在关联性，这不仅体现了文化主体的价值立场和态度，也体现了其所属文化的身份命题。因此，理解红色文化认同是关键点。

文化自觉的存在是自信的一个先决条件，基础是文化主体对于自己的文化拥有非常清晰的判断，即相信自己的文化无论对自己或他人是有价值的，坚持自身的文化对自己或别人会带来积极的影响。这也就是说，文化自觉是文化认同的表现形式，而文化认同包含着文化自信。

19世纪，尤其是在20世纪之后，出现了优秀的红色文化。这些属于中华文化的内容，是我们最珍贵的精神财富，我们不可以忘记。我们必须对自己的文化保持理性和科学分析，拥有自信，但不应该自满，要以最正确的态度看待自己的文化，认真梳理，以批判的眼光看待，推进新的文化内涵和文化精品的产生。

2. 红色文化彰显国家软实力

新时代是彰显国家软实力的时代，彰显国家软实力是增强文化软实力、弘扬中国精神的需要，红色文化认同的增强将更有利于文化软实力的提升和中国精神的传承。

（1）增强文化软实力的需要

红色文化认同包含着提高国家软实力的目标，在战略目标方面，基于"和谐社会"和"和平崛起"，因此把处于现代化过程中的文化认定为拥有双重标准，不仅是战略资源，更是一种服务目标。文化软实力包括的文化基础有利于提升活力和影响力，也可以为提升影响力助力。一直以来，任何大国的发展都是既需要硬实力，也同样需要软实力。我们需要提升软实力，促进国际地位提升并发挥国际影响力，中华传统文化有助于提高软实力，而红色文化作为它的一部分，也可以为国家的软实力提升助力。在新时期，我国社会矛盾发生了一些变化，但是国情没有改变。这就说明，我国的文化发展仍然面临着社会经济的发展和精神文化发展不相协调的问题，文化软实力提升的问题亟待解决。红色文化作为中华传统文化的重要组成部分，真切地体现了马克思主义的真理性、先进性，充分发挥了社会主义制度的优越性，对于国家思想引领、文化传播、文明创建等方面的作用不可小觑。红色文化背后蕴含的价值取向和优秀精神品质与我国实现文化强国的方向殊途同归，是我国促进文化软实力提高的重要支柱。它具有批判继承的特点，定会大放异彩。

（2）弘扬中国精神的需要

增强红色文化认同对于弘扬中国精神具有重要的作用。新时代是社会发展的关键期，经济得到一定的发展之后，文化的问题就显得更加突出了。我们要更加注重对于精神文化的发展、文明的进步问题。正因如此，优秀的中国精神才作为动力而支撑着中国向前迈进。我们党在发展中总结了许多经验，其中就有在此过程中出现的优秀品格与革命精神。正是因为有这样的精神财富，才促使中国人民奋勇向前。中国精神一直留存在每个中国人的心中，不仅影响着他们的思维方式，还对行为方式有非常重要的作用，它具有人民性的特征和与时俱进的品格。精神和道德是无限和无穷的，在中华文明的悠久历史中，不仅产生了精神品格，还出现了价值追求。中国精神是宝贵的精神动力，而背后的精神支撑就是民族精神，民族精神和红色文化背后的精神文化紧密相关，它可以促进民族团结，鼓励一代代人不断奋发向上，为振兴民族而努力，把这种精神力量的团结功能尽可能发挥出来。我们应该把弘扬中国精神发挥到极致，凸显中国精神的力量。在全面建设小康社会中，中华文化以中国精神作为支撑，深刻展现了社会主义精神文明的本质。基于此，我们应该把它作为一种动力，而我们每个人更要从小事做起，为培育和弘扬民族精神出力。

（三）"一带一路"提升文化建设

1. 弘扬社会主义核心价值观

在"一带一路"建设背景下，中国文化走向世界的同时，世界上的各种文化也在影响着中国。在此背景下，文化价值观面临着本土与外来文化难以调和的矛盾和冲突。外来文化强烈地冲击着我国的文化价值体系，使核心价值体系的凝聚力下降，若不加防范，长此以往，将会导致人们的行为失范，做出不利于社会稳定的行为。全球化、多极化发展是大势所趋，在多元化的时代，在众多价值观念中需要有一根主线，实现对价值观念的统领，保证文化不偏离前进的大方向。因此，要多方面、多层次、多领域地深化对我国社会主义核心价值观的理解和信任，构建更加完善系统的社会主义核心价值体系，提升社会主义意识形态的魅力，提升凝聚民心的能力，形成巨大的向心力，从而提升人民群众对中国社会制度的认同与支持，为"一带一路"建设奠定坚实的民意基础，为政策得到更好的实施和开展提供更宽松、和谐的社会环境，为促进国家软实力提升提供精神动力。

2. 坚持文化自信

树立文化自信与文化自觉。文化自信是文化安全的基础，文化自觉的培养对传统文化的继承与发展具有重要作用。"一带一路"建设中，文化交流是双向的，中国文化走向沿线各国，同时沿线各国多种多样的文化走进我国，并且随着建设的不断推进，文化会越来越多样，但我们要树立文化自信与文化自觉，对繁杂的文化进行辨析，取其精华、去其糟粕，借鉴学习优秀文化。

坚持文化的国家性和民族性。在"一带一路"文化建设中，多种多样的民族文化相互渗透，在这一过程中要保持国家文化的民族性。更重要的是要时刻坚持国家文化的最高利益，在依据国家基本国情与现实需要的基础上，建设符合中国实际、促进中国发展、具有中国特色的优秀文化，并且深度挖掘中国传统文化资源、强化其生命力与活力。要借助抖音、快手App等自媒体的平民化、互动性强和传播速度快等特性加强对中华民族文化的宣传，构建新时代共同的精神寄托，凝聚中华儿女，坚定文化自信，更好地提升中国文化软实力。

3. 完善国家文化安全管理体制

构建与完善国家危机控制与管理体系，加强对文化危机的控制，建立综合性的国家文化安全应对机制，是在全球化潮流下从制度层面保证国家文化安全、控制国家文化危机的有效措施。为做到文化管理制度化需要从三个方面加以推行：一是加强国家文化安全管理的法制建设，相关部门要完善法律法规的建设，对于侵害国家文化安全的行为进行严格界定，严格执行法律条例，使法律具有威慑力，形成"一带一路"建设文化安全的底线；二是理顺规范国家文化安全管理机构的关系，优化组织结构，明确组织分工和职责，将权责细化到个人，发挥组织结构在文化安全管理中的最大效能；三是加强文化安全管理队伍的建设，提高安全管理人员自身的素质，定期培训，形成具有坚定意识形态的专业化队伍。

推进文化安全管理参与主体多元化。文化安全管理具有其特殊性，更多地需要相应的特殊机制。首先，政府间多方借力，形成信息服务平台的整合，明晰各

第五章　中华优秀传统文化与文化自信的育人功能

级职能部门的责任划分，形成层级鲜明、分工明确的层次。其次，创新传统文化的安全管理模式。在多元主体治理并存的条件下，形成"政府治理、公众参与"的模式。文化安全管理团队的聘用要多元化，可通过政府购买的方式，聘请企业或者社会组织等作为文化安全管理的管理者和监督者，加强社会主体的参与力度；加大文化安全管理者姓名、联系方式、管辖区域等的宣传，打通信息的传输通道和公众的监督反馈通道。

推进文化安全监测技术。文化安全管理必须运用各类先进的监测技术和分析方法。在"互联网＋文化"的大数据时代，科学技术的发展是公共治理进一步得以实现的助力，因此，应借助信息技术，借助微信、微博等平台，通过现代科学技术与信息手段为文化安全管理提供保障和便利。对文化安全管理而言，需要做到两点：一是需要依托现代信息技术，建立网格化管理的信息系统，基层的监督人员和信息收集人员可以将文化安全问题及时传递到信息服务平台中，有利于信息的高效传输和问题的迅速解决；二是推行全民参与的信息共享平台，只有全民参与、全民监督，形成政府主导与民间参与的有机统一，才能真正实现国家文化的安全管理。

4. 争取中国文化的国际话语权

"一带一路"正进入全面建设的阶段，我们一定要抓住"一带一路"建设的机遇，提升中国文化软实力。

提升中国文化软实力，争取中国文化的制度性话语权。制度性话语权是指"一个国家在世界秩序制定、规则出台等方面所具有的威信力与影响力"。我们要依靠"一带一路"建设，为沿线国家带来利益的同时，扩大中国文化影响力，改善中国国际形象。

提升中国文化软实力，构建和谐的话语环境。中国秉持与西方霸权势力不同的发展理念，坚持和平的价值观。新时代"一带一路"建设坚持和平发展的理念，将吸引更多的国家参与，从而提升中国文化的国际影响力。

当前国际形势严峻，我们要依托"一带一路"建设，提升中国文化软实力，积极争取中国文化的国际话语权。

第二节　创新文化育人理念

一、文化育人概述

（一）文化育人概念

文化育人一词最早出现在《易经》中："刚柔交错，天文也；文明以止，人文也。观乎天文，以察时变；观乎人文，以化成天下。"简单来说，文化育人也就是用文化培养和教育人。

李峰、王元彬在其《高校文化育人工作的机制与载体研究》一文中提到，文化育人也可以称为以文化人，即在教育过程中遵循教育规律以及受教育者的成长规律的前提下，将文化融于教育过程并在开展教育活动的过程中，利用文化具有的渗透性质将文化渗透到受教育者的灵魂深处，使受教育者内化于心，外化于行，从而达到促进人的全面发展的目的。

第一，从文化育人的内容角度来看，在开展文化育人的教育过程中想要达到以文化人的目的，就必须将优秀文化贯穿到整个教育过程中，乃至教育活动结束后。同时，在开展这些教育活动的过程中，教育者必须充分利用文化的创新传承功能，发挥其对受教育者的积极影响以如期实现教育目的。此过程的重点是"以化成天下"，也就是使文化能够影响所有人。

第二，以文化育人的特征为出发点来看，文化具有传承性，起着承上启下的作用。将文化作为一种教育资源和方式，使得文化育人与其他的教学方式和课程有着本质性的区别，即文化育人在教育过程中是充分利用文化的价值追求将其与教学活动联系起来，相较于其他的课程更为注重文化价值的传递方式和效果。

第三，从文化育人的机制上来看，绝大部分机制涉及的是高校文化育人的展开方式和实施过程规则与要求。从以上的两个方面看来，文化育人的侧重点在于文化对人的内化作用，所以在机制上，不仅要将文化的价值贯穿于整个教学活动中，还要注重发挥学生的主体性作用，即注重学生的外化。与此同时，还要注重教师在教学过程中的引导作用和教化作用，只有将文化育人的内容、特点、机制了解清楚才能更好地开展文化育人工作，提高人才质量，从而实现人的全面发展。

第五章 中华优秀传统文化与文化自信的育人功能

(二) 文化育人的国内外研究情况

1. 国内研究动态

关于文化育人活动的本质研究，郑卫丽认为，所有的文化育人活动的本质都是实践。文化育人的过程是主客体相互融合的过程，这个过程实质上是实践，不管是实践的主客体还是实践过程中运用的方式方法都体现出了文化育人活动的本质。

关于文化育人的核心研究，章兢、何祖健认为，以文化人是文化育人的核心，其目的是通过教育活动中的客观以及外力因素推动受教育者的发展来实现的。李建国指出，文化育人活动是以文化为主要内容，并通过正确的、符合文化性质的教育方式教育和引导受教育者的实践活动。李峰、王元彬认为，文化育人活动是一种以先进文化为主要教育内容，并利用文化环境以及实践活动对人的影响而开展的教育活动。段海超认为，文化育人是要求人们要具有传承的意识、要有创新的责任感的教育活动，在此过程中能聚集各方力量使文化育人的实效性得到凸显。

奚彦辉认为，个体对文化的内在认同是自身思想形成与发展的关键所在。也就是说，受教育者在教育活动过程中受到教育者传递的文化知识熏陶，并在不自觉的情况下逐渐接受，并在此基础上通过自身的行为外化出来。一旦受教育者做出这样的行为就意味着文化已经通过教育实践活动内化为受教育者思想的一部分。但是，李建国对此持不同观点，他认为文化育人是受教育者在教育者传递文化内容、信息的基础上产生新的思想的过程，同时，产生思想的过程又必须要有特定的文化环境才能达到这一目的。受教育者产生的新思想在其原有的基础上促使受教育者的生活不断文明化，并将这种思想以实践活动的形式表现出来。同时，教育者的外在给予，也就是人为的文化育人活动是实现文化育人价值的基本条件，而接受外在给予并内化为自身思想是文化育人价值的目标所在，文化育人也是文化促使受教育者构建完善的思想体系、教育者创新文化的一个双向作用的长期动态过程。

2. 国外研究动态

文化在方方面面影响人类的进步。美国的塞缪尔·亨廷顿和劳伦斯·哈里森通过阐述文化在政治、社会、经济、民族、社会变革中产生的影响论证了文化价值观是如何影响人类进步的。另外，有外国学者认为，一个国家的政治经济深刻地影响着这个国家人民的价值观。兰德在阐述文化与经济的关系时，详细阐述了文化让经济局面变得不一样了的观点。同样，外国学者波特指出，全球化的发展使各国之间的经济相互依赖增强的同时文化相互融合，文化的相互交流也就使得每个国家更容易克服文化和自身所处地理位置带来的不利影响。关于文化与政治的关系，丹尼尔·莫伊尼汉指出，文化是一个社会向前发展的关键，而不是纯粹靠政治的推动作用。政治与文化相互交融，在一定程度上可以影响文化的特性与内容，并赋予了文化新的生命力。对这一观点，塞缪尔·亨廷顿表示了肯定。

文化影响人的基本特征和心智的发展。克利福德·格尔茨阐述了文化的影响、文化的发展与人类心智进化的关系。在此基础上，他指出，定义人需要将人天生的能力与人的实际行动结合起来，将人天生的能力转化为具体的实践活动。同时，他认为，定义人的概念需要了解人处于何种文化环境，并把文化环境与育人紧密联系起来，以准确把握人在这些环境中的特征。在关于文化的发展对人类心智进化的影响研究中，他认为文化与思维是紧密相关的，并不独立于思维而存在，而是思维的重要组成部分。赫伯特·马尔库塞在《单向度的人》中指出，资本主义文化在特定社会历史发展条件下，通过分析和批判社会政治、生活、文化等领域压制了人们内心的自我认识与否定，也压制了人们对自我超越的决心。在这种情况下社会就变得单一、毫无生机，在这个没有竞争和创新的社会中生活的人也变得对新事物没有好奇心，不会积极努力创新了，他们在这里只追求自身的物质享受，不再对精神上有任何的追求，也没有办法在生活实践中获得创新思维。

二、文化育人功能视角下的文化育人理念

（一）传统节日文化的育人理念

中国传统节日文化是中华民族在长期的社会生产实践中创造出来的，蕴含着独特的育人理念，在不同历史时期影响着人们的思想观念与行为举止，发挥了不可估量的社会价值。现如今，中国特色社会主义进入新时代，在这一新的历史环境下实现中华民族伟大复兴的中国梦，既需要出类拔萃的有志之士，更需要全体社会成员的砥砺前行。中国传统节日文化作为一个完整、全面的文化体系，其具有的育人理念能够为建设"两个一百年"服务，为实现"中国梦"服务。

1. 民族凝聚力的形成与巩固

民族凝聚力既是人们为实现民族国家目标而共同行动的精神力量，也是增强一国综合国力和提高国际影响力的关键。民族凝聚力的形成与巩固，离不开中

第五章 中华优秀传统文化与文化自信的育人功能

传统节日文化育人理念的发挥。中国传统节日文化有助于激发民族自豪感，增进民族认同，引导人们统一思想、形成共识，从而形成强大的民族凝聚力。

（1）激发民族自豪感

民族凝聚力来源于强烈的民族自豪感和民族自信心，这种自豪感与自信心在很大程度上取决于人们是否了解和认同本民族文化。中国传统节日文化是中国传统文化的集中体现，蕴含着丰富的优秀文化元素，且多以人们喜闻乐见的形式呈现出来，是帮助人们了解中华文化的有力途径。因此，中国传统节日文化在激发民族自豪感方面有着重要作用。一方面，中国传统节日文化是中华文明的缩影，是帮助人们了解中华民族过去历史的生动素材。古代人民根据生产方式和自然变换所创造的传统节日，其发展变化伴随着民族历史的延续，它与民众的社会生活结合在一起，集合了经济、伦理、教育、艺术等多方面内容，发展成多姿多彩的形态。传统节日的演变轨迹是研究不同时代人们社会生活的真实素材，而保留至今的节日风俗则更是尊重历史的真实写照。另一方面，中国传统节日文化底蕴深厚，能够帮助人们更好地认同本民族文化。首先，传统节日文化拥有具体的物质表现形式，如节日用品、节日美食等。在节日的特定环境下，这些物质符号具有特殊的象征意义，传递着节日里的特殊情感。其次，传统节日文化展现出浓郁的精神特质。我国传统节日众多，每个节日都有其特定的精神主题。最后，传统节日文化衍生出独具特色的行为文化。每个传统节日都有其独特的节日仪式，包括祭祀活动和各类文娱活动。

（2）增进民族认同感

民族凝聚力来源于强烈的民族认同感，这种认同感并不是完全自发形成的，它在很大程度上取决于民族文化的影响力。中国传统节日文化历经无数风雨洗礼，成为穿越千年时光的文化印记。作为最具民族特色的传统文化，中国传统节日文化能够增强民族文化的影响力。一方面，中国传统节日文化能够内增底气，帮助人们厚植对传统文化的认同及自信。人们庆祝传统节日的过程，既是调节身心、享受生活的过程，更是感悟传统文化独特魅力的过程。传统节日文化通过其民族性、周期性、全民性等特征，融入大众的日常生活，浸润社会的各个角落，渲染出一种浓郁的民族文化氛围。在这样的氛围中，人们自觉接受文化熏陶，认同和内化其所蕴含的价值理念，从而产生一种积极的民族情感。另一方面，中国传统节日文化能够外推发展，依托其资源，人们可以创造出更多优质的文化成果。当今社会，文化与经济相互交融已成为社会发展的一大趋势，而中国传统节日文化中所蕴含的优秀民族文化元素能够与经济发展相结合，带来不容小觑的时代价值。这种价值不仅是指将传统节日与文化产业、文化事业相融合而产生的经济效益，还包括中国文化走出国门、输往世界而形成的国际影响力。人们利用传统节日文化创造优质文化成果的过程，就是人们挖掘传统文化价值、认同民族文化的过程，而这些逐渐形成的文化成果，又能进一步提高民族文化的影响力，从而增强人们的民族认同感。

2. 知识和道德情操的教化

中国传统节日文化囊括多方面内容，是一个丰富的文化体系，它在漫长的发展过程中将不同时期的经验智慧凝结起来，又在历史洪流中将这些宝贵财富传递于未来，而人们就是在这一次次的总结归纳、一次次的传承弘扬中深受熏陶。因此，中国传统节日文化的教化作用既包括对人们进行浅层次的知识经验的传播，也包括深层次的道德情操的培养。

（1）传播知识经验

以传统节日为依托的传统节日文化，渗入历代中华儿女生活的方方面面，是民众生产生活经验的承载体，也是文化知识经验的课堂。对于兴盛于古代农业社会的传统节日文化，生活于现代工业社会中的人们仍然可以从中汲取智慧。一方面，中国传统节日文化中包含着丰富的农业生产知识，其中以节日谚语最为典型。古代中国以农业立国，在这样的社会大环境下，传统节日自然服务于农业生产。在科技飞速发展的今天，农业生产变得便捷高效，但古代的节气谚语是人们智慧的结晶，对生产仍有启示作用，年轻一辈可以从这些口口相传的俗语中增长见识，汲取经验。另一方面，中国传统节日文化中包含着丰富的卫生保健知识，这主要体现在传统节俗活动中。自古以来，疾病就是威胁人类生命的最大因素，其影响程度在古代社会尤为严重，那时候医学条件不发达，一个小小的病症都有可能使人丧生。现如今，医学技术日益精湛，人们与病魔抗争的手段不断增强，而传统节日文化中的祛病求吉知识仍对当今人们的个人卫生防护工作有借鉴意义。

（2）培养道德情操

人无德不立，国无德不兴。我国历来重视思想道德建设，在培养公民道德情操的过程中，除了家风建设、学校教育、社会影响外，传统节日文化的作用也不容忽视。一方面，中国传统节日文化有着深厚的道德资源，能够为个人道德品质的形成提供丰富滋养。比如，传统节日文化中就蕴含着大量关于"仁义孝悌"的道德资源，最为突出的就是将德行高尚的历史人物作为传统节日的纪念对象，从认知、情感、行为等多个方面入手，以达到教育民众的目的。此外，传统节日文化中也有不少关于家庭熏陶的道德资源。好的家风能够培育出优良后代，进而对

第五章　中华优秀传统文化与文化自信的育人功能

社会发展产生积极影响。而我国传统节日几乎都围绕着家庭展开，当节日来临，人们根据不同的节日主题，或回家团聚，或与亲友沟通，这种浓郁的家庭意识可以达到唤醒人们道德良知、强化人们道德实践的目的。另一方面，中国传统节日文化的独特品性，能够为个人道德品质的培养带来突出效果。不同于说教与灌输的显性教育方法，传统节日文化常通过一些亲切可感的节日活动实现潜移默化的教育作用，使人们在耳濡目染中获得情感体验，养成道德品行。另外，传统节日文化所具有的周期性、全民性特点，也能进一步巩固与强化教育影响。在年复一年的传统节日轮转中，人们周而复始地接受着节日文化的洗礼与教育。在全民参与的节日活动中，人们能直观感受到个人行为的对比，从而在见贤思齐、反思领悟中不断调整自身的行为习惯。

（二）校训文化育人理念

校训作为高校理念的高度凝练与内核，它最开始表现的是这所高校的领导者对自身学校文化的把握和对精神的追求，在基于这种理解的情况下通过制定相关规章制度引导这种文化和精神在无形中转化为学校主体的精神文化，成为高校文化的集中表达。高校文化包括大学理念、制度文化、科研文化、道德规范、校风校貌、学校精神等内容。校训文化处于高校文化的核心地位，在本质上说是因为校训文化构建了高校文化，这才决定了它的地位。高校文化的形成离不开校训文化的培育，校训文化是对校史、大学精神、大学理念、道德价值追求的总结，高校文化的形成离不开对高校在不同时期的发展历程、价值追求以及校训文化育人功能的研究。校训作为大学文化中重要的一部分，它具有隐藏性、情感性和群众性。校训一旦确立就开始对受教育者进行隐性教育，发挥着潜移默化的作用，在长期的发展过程中能够促使高校形成良好的校风。这种良好的校风是在长期的实践总结中形成的，而高校文化的形成也不是一成不变的，是时刻在这种文化精神熏染下不断调整和完善的，最终形成优秀的高校文化。校训文化对高校文化的形成培育作用决定了其在高校文化中的地位。同时，高校文化是有选择性地吸收社会文化，并在其中融入高校的价值追求和个性，并借助高校的校史与中国的传统文化和时代精神逐渐形成大家所认可的、具有自身特色的文化框架。这也决定了高校文化的内涵是十分丰富的，其对受教育者的影响是深远的。

高校文化也是高校软实力发展的核心。校训文化作为高校文化的集中表达与凝结，也是高校特有的办学定位和育人理念的表达，高校学风、教风、校风也是以此为追求，并将其中的价值追求深入贯彻到生活学习、教学活动中去。校训文化受到国家历史传统、价值取向以及精神文化的影响,但其是对于高校历史文化以及教育理念、学术精神的高度概括,是高校精神理念的灵魂与具体表达。

1. 良好的道德人格

党的十八大报告要求把"以德树人"作为教育根本任务,这为高校校训文化育人工作指明了方向。每所高校校训的制定都包含了这所高校对道德价值的追求,以及对大学生形成什么样的道德人格的追求。这样就决定了校训文化育人活动中需要有关于道德素质培养的文化活动,也要有具体的目标。对学生开展思想道德素质教育的活动,不能只设定单一的目标,培养学生良好的道德人格可分为三个目标:一是帮助学生形成正确的道德认识,二是在校训文化育人活动中引导学生做出正确的道德选择,三是让学生在反复的实践过程中将道德认知不断与自己已有的价值认知融合。同时,学生思想道德的形成离不开校训文化的培育,校训文化在塑造学生道德人格的过程中起到了对人的文化滋养作用。另外,大学教育文化中的道德文化对大学生的身心素质、人文素养等领域起着重要的作用,符合培养大学文化人才目标的内在要求。

2. 全面发展

促进学生全面发展是思想政治教育的根本目标。每所高校的校训都体现了其价值追求,校训体现着高校培育人才的目标,即全面自由发展的人才。校训文化育人作为思想政治教育的手段之一,在这一点上,校训文化育人与思想政治教育的根本目标是相契合的。

人的全面发展是中国特色社会主义发展的终极目的。这就要求高校在开展各类文化育人活动时需以此为根本目标,为社会主义现代化建设提供人才保障。高校开展校训文化育人工作,就是以发展社会主义先进文化为基础,促进学生德、智、体、美、劳的全面发展。人的全面发展"是社会主义社会的本质要求"。人的全面发展是指人的文化需要、物质需要以及个性得到发展,人的社会关系、人控制社会关系程度的高度发展。人的全面发展并非一蹴而就,而是一个循序渐进的过程。这就需要高校把校训文化发展与时代紧紧相扣,在每个不同时期制定具体目标以循序渐进促进大学生各方面的不断完善。

3. 集体归属感

大学校训文化所蕴含的集体主义价值取向是值得肯定的。高校校训的来源之一是名人题词,那么就意味着校训自然与历史上的著名人物有着一定的联系。将校训所承载的历史文化作为重要文化内涵传授给学生,有助于提升学生的自豪感,并形成强烈的校园荣誉感。校训文化不同于学校具体的规章制度,因为校训

第五章　中华优秀传统文化与文化自信的育人功能

文化对人的思想形成不具有强制作用。相反，校训文化是一种润物细无声的思想文化资源，在无声无息之中影响学生的情感、精神境界。校训文化通过高校文化育人特定的文化氛围以及开展的文化育人活动，深入人心，这有助于大学生形成健康的审美情趣、树立崇高的理想、感触自身的价值，进而升华出集体归属感。

（三）网络文化育人理念

网络文化指的是网络上积极健康的精神活动及创造的精神成果，是在网络环境下，利用网络技术创造出来的物质财富与精神财富。高校网络文化是归属于校园文化的一种亚文化，代表了一种新兴的生活方式，它是文化发展到信息时代的产物。高校网络文化主要体现在三个方面：物质方面、精神方面和制度方面。高校网络文化的育人理念主要通过教师与学生在网络中的日常工作和学习体现出来，教育者通过高校网络文化潜移默化地帮助大学生形成高尚的道德品质，形成符合社会发展需要的价值取向和追求目标，促进学生身心自由全面地发展。高校网络文化教育与传统的教育模式有所不同，它有更强的渗透性和隐蔽性，会对学生起到潜移默化的作用。积极健康的高校网络文化能将学校的教育理念、追求目标以及优良传统等内容都融入其中，对大学生的精神境界以及情操培养发挥着巨大作用。

1. 规范行为

高校建设和发展网络文化是为了更好地进行日常教学，服务和管理学生，以此实现育人目标。打造健康优秀的高校网络文化能够给大学生创造一个良好的学习和生活环境，对提高大学生的文化素养和思想道德素质起着积极作用，能规范学生的言行。高校网络文化的行为规范功能所指的是高校网络文化在规章制度和精神导向方面对言行的规范引导，它具有两个属性：一是强制性，二是非强制性。一个大学生是否能够自觉遵守并主动维护学校各项规章制度、校规校纪等，是评判其是否具有良好行为习惯的重要因素。建设高校网络文化的根本目标是培养人才，因此一所高校呈现出的校园网络文化内容要充分展现出本校的追求目标、办学理念、校风学风等精神力量以及主流意识形态。大学生在使用校园网络时会在不知不觉中受到这些精神力量的教育和引导，心灵得到净化，思想得到升华，能够自觉遵守并主动维护学校的规章制度，形成一种好的行为习惯。

2. 情操陶冶

对于高校大学生来说，高校网络文化丰富的内容和多种多样的形式，能给其日常学习、校园生活和休闲娱乐等带来更多样的选择。大学生在各种优秀网络文化的熏陶下，可以逐渐消除在日常生活中累积的负面情绪，通过不断提升思想境界、净化心灵，最终得到自由全面的发展。

高校网络文化的情操陶冶功能是由其开放性所决定的，在网络世界里没有地位和能力的差别，全体学生都可以作为网络主体参与网络生活，在相对自由的网络世界中缓解自己在生活中的压力，释放自己心中的负面情绪。与此同时，将积极情绪在网络上进一步强化，在一定程度上对大学生的身心健康发展起着帮助作用。高校网络文化具有多样性的特点，能让各类思想源泉在校园网络中竞相迸发，使高校网络文化内容包罗万象并充满生机，还可以帮助大学生开阔眼界、增长见识、与时俱进、解放思想。对于高校网络文化来说，随着互联网技术的飞速发展，它也会随之持续不断地创新，无论是多种多样的形式，还是丰富多彩的内容，从始至终都要坚持在意识形态上紧跟社会主义核心价值观，传播社会主义先进文化，永远都让人眼前一新。这种新型开放的教育模式让大学生在校的学习和生活不再枯燥，充满活力。在良好的高校网络环境下进行教育工作，不断发展和强化大学生的校园网络主体性，在多样的网络文化内容的影响下，弱化和消除大学生的负面情绪，强化积极向上的情绪，净化心灵，洗涤灵魂，升华思想境界，人人都能实现自由全面的发展。

3. 创新激励

大学生作为高校网络文化活动的主要参与者，在高校网络文化中，便捷的网络条件和丰富多彩的文化内容不仅能够影响大学生的生活习惯，还会给他们的思想观念带来巨大的影响。利用开阔的网络平台和丰富的网络资源，为大学生打开了一个全新的世界。高校网络文化内容和形式充满新鲜感，能够在极大程度上激发大学生的创新思维和创造能力，为校园增添活力，帮助大学生开发其潜在的能力。完善并发展高校网络文化，不仅使大学生的学习内容变得更加丰富多样，而且增加了大学生的学习方式，并且还为大学生发挥自身创造能力提供了空间。在互联网高速发展的情况下，当下的大学生能在极短的时间内获取大量的信息，同时网络内容的快速更新也给大学生直接接触先进思想和丰富理论提供了契机。他们能较快地接受并适应新事物，并培养创新意识，提高创造能力，养成独立思考的习惯。随着时代的进步、互联网技术的飞速发展，高校网络文化也为大学生带来了更多可选择性和创新性，大学生渐渐地能用辩证的思维看待问题，更加深入且全面地分析问题，也更愿意参与讨论某个话题，发表自己的观点。在独立思考的过程中逐步培养出创新思维，提高创新能力，大学生不再是被动接受教育，而是可以自觉主动学习，并根据自身需要和兴趣做出更适合自己的选择，在学习中不断将自身的创造、创新潜能激发出来。

4.引领价值

当前,网络已经覆盖大学生日常学习与生活的各个方面,大学生利用网络进行学习、交往以及娱乐等已然是其校园生活中必不可少的一部分。网络文化让大学生的思想更加开放,培养了大学生的灵活思维。大学生的精神面貌和价值取向都会受到网络文化这一重要因素的影响。因此,建设高校网络文化这项工作变得极其重要。高校要积极主动地消除不良网络信息给大学生价值取向带来的负面影响,利用高校网络文化的优势,让各个校园网络平台成为传播社会主义先进文化、弘扬社会主旋律的有效载体。价值取向是每个人在面对和处理价值关系时的态度和立场,这是一种价值倾向,是在价值观的基础上形成的。不同类型文化的比较可能会给大学生的价值取向带来更多的选择,使学生感到困惑。大学时期正是一个人价值观养成的重要时刻,在错综复杂的社会现象面前,面对良莠不齐的网络信息,很容易出现无从选择的情况,甚至价值取向变得模糊混乱,不具备理智准确判断事物、现象的能力。这就要求高校制定一套符合社会主义核心价值观、具备普遍指导意义的价值标准对大学生进行价值引领,制定一套较为合理、科学的校园网络使用规则,完善网络行为指导规范,做好高校网络文化建设和管理工作,提升思想道德与文化素养。对于高校网络文化来说,作为一种新兴的文化形式,它所传输的内容一定具有健康、积极、正向的特点,高校要把社会主义核心价值观、办学理念和价值目标等精神力量融入其中,帮助大学生坚定理想信念,让大学生能够时刻保持清晰的头脑、理智的思维去面对各种良莠不齐的网络信息,形成正确的思想观念。坚决抵制各种不良信息的侵蚀,帮助大学生更多地关注真正有价值的网络资源,增强辨识网络信息的判断力和独立思考问题的能力,养成良好的网络言行习惯,培养积极正向的价值观,促进大学生自由全面发展。

第三节 丰富文化育人实践

一、传统节日文化育人实践

(一) 整体把握价值取向——提升文化自信

实现传统节日文化的育人功能,首先政府应整体把握价值取向,从根本上确保节日文化育人的方向性，提升民众的文化自信与文化自觉。

1. 落实传统节日的保护与传承

传统节日文化依托传统节日而生，只有当传统节日在当代社会重新焕发生机活力时，传统节日文化育人功能的实现才具有现实性与可能性。因此，保护与传承传统节日是首要任务。

首先，要构建保护与传承传统节日的制度保障。近年来，党和国家逐渐认识到传统节日的重要性，并陆续出台了相关法规与政策，为一些传统节日的保护和传承提供了时间保障、法律保障和政策保障等。这些举措在提高传统节日的社会地位方面起到了积极作用，人们对传统节日重要性的认识也有了一定程度的加深。但是，无论是官方还是民间，人们的视野大多放在几个重要的传统节日上，对于其他节日关注较少。可以说，除某些重要的传统节目外，其他传统节日由于得不到关注而正濒临消失。因此，政府需要在现行的节日保护制度下，对其他节日，特别是少数民族地区的节日，进行有选择、有重点的保护与传承。保护传统节日多样性的过程，就是厚植民众文化底气、增进民族文化认同的过程。

其次，要加大保护与传承传统节日的人力、物力、财力的投入力度。传统节日的重建与振兴是一项大工程，需要进行多方面的投入。就人力方面而言，需打造专门的人才队伍。人力资源是第一资源，传统节日的保护与传承需要高水平、高能力的优质队伍齐心协力。一方面，中央与地方要组成专门的智囊团队，既从国情、世情出发科学谋划保护与传承传统节日的顶层设计，又从不同地区的实际情况出发具体规划落实路径。另一方面，要打造"节日传承人"队伍。中国传统节日囊括多方面的文化内容，有着一大批独具特色的节日符号与仪式，这些节日元素如若有专门人员进行保护与传承，其节日文化的弘扬必将有事半功倍的效果。因此，政府既要为现存的节日传承人提供各方面支持，也要积极鼓励社会民众，特别是青年一代投身于保护与传承传统节日的重任中。就物力、财力方面而言，要加大对保护与传承传统节日的投入，这种投入既包括对人才队伍建设的投入，也包括对传统节日活动组织的投入。

最后，要形成官方支持、民间组织的动态传承体制。传统节日能在中国古代繁荣发展，一个重要的原因便是官民对节日的共同重视。过去，不仅官方会组织大型的节日庆典活动，民间的庆祝活动更是蔚然成风。古代社会的这一做法值得我们反思与借鉴。此外，保护与传承传统节日是世界各国共同面临的问题，纵观那些做得好的国家，不难发现"政府支持鼓励，民间自发组织"是其共同的成功秘诀。保护与传承传统节日，政府要鼓励支持民间组织开展优质的节日活动，使其充分发挥主观能动性，积极为社会大众创设丰富多彩的过节方式。

2. 促进传统节日文化与社会主义核心价值观的契合

中国传统节日文化是中华优秀传统文化的重要组成部分，蕴含着丰富的优秀文化元素，实现其与社会主义核心价值观的相融相通，既是有力激发传统节日文化时代价值的重要举措，也是整体把握传统节日文化价值取向的关键所在。一方面，要将传统节日文化中的优秀文化元素，融入社会主义核心价值体系建设，为传统节日文化育人功能的实现提供主流意识形态方面的引领。当前，中国传统节日文化中的秩序和谐、家国情怀、孝道至上、自强不息等价值取向正被功利化、娱乐化的价值追求侵蚀，节日文化的价值内涵不断流失，节日传承的价值意义也不为人知。对于这种偏倚现象，政府需向社会倡导文明和谐、积极向上的节日理念，肯定传统节日对培育与践行社会主义核心价值观的积极意义，从宏观层面强化节日文化的育人功能。另一方面，要结合社会主义核心价值观中的相关价值主题，利用传统节日这一特殊时间节点开展育人活动。针对社会主义核心价值观与传统节日文化的契合点，可实现这两种活动的合理搭配，创设"核心价值观＋传统节日"的活动方式。总之，以传统节日为依托，将社会主义核心价值观融入民众的日常生活，能够更好地引发人们的精神共鸣，实现育人无声。

(二) 多元主体协同配合——形成文化合力

1. 家庭——建设生活育人场景

良好的家风建设是大学生养成良好习惯和健康发展的必要条件，有助于大学生树立正确的世界观、人生观、价值观、事业观。相较于高校而言，家庭教育对大学生思想政治方面的影响更有针对性和持久性，教育效果更为直接深入。因此，在家庭范围内形成优秀传统文化育人自觉便于思想政治教育工作的展开。

首先，家庭成员应明确育人"主人翁"意识。我国优越的社会主义制度使生产力的发展突飞猛进，许多家长忙于奔波事业，或是存在盲目认为成年大学生只需接受高校教育的误区，往往忽视了自身的教育主体责任。家长应立足于信任、包容、平等、尊重的出发点，努力提升个人技能素质和综合素质，为儿女做好模范表率，更好地传承中华优秀传统文化伦理观念和孝道文化，在保证儿女丰富的物质条件的同时兼顾精神世界的充实。

其次，家庭成员要养成优秀传统文化育人的自觉性。比如，在"快餐式学习"的趋势下培养儿女读好书、读原著、品经典的习惯，在信息碎片化的时代仍保持清醒的头脑和独到的见解，辩证地利用好辅助学习的智能设备，抑或是通过中国书法、绘画、象棋等传统文化载体，培育儿女宠辱不惊、持之以恒的心境。

最后，家庭成员要摒弃"唯分数论"的不良教育理念。应试化教育的影响让大学生思政教育逐渐偏离了本质。孔子曾言，"不学礼无以立"，家长在盲目追求优良学业成绩的过程中更要重视中华优秀传统文化中仁爱、德才兼备等育人资源的意义，用发展的眼光科学带领儿女拓宽视野、践行真知，构建中华优秀传统文化育人新模式，致力于培养内外兼修、全面发展的有为青年。

家庭是中国传统节日开展的重要场域，我国大多数节日都是围绕着家庭展开，亲人团聚、家人团圆是传统节日的突出主题。因此，实现中国传统节日文化的育人功能，家庭需发挥基础保障作用，建设传统节日文化育人的生活场景。一方面，家庭成员需正确认识传统节日，家长更需发挥言传身教的作用。态度决定行为，对传统节日的认知与态度影响着人们的节日行为，进而影响着节日文化的育人效果。在传承发展传统节日文化的过程中，家长既要尽可能地向孩子传授相关的节日知识，创设具体的节日情景，也要身体力行地将节日文化素养外化为实际行为，以榜样表率作用培养孩子养成尊老爱幼、饮水思源等传统美德。另一方面，家庭成员要积极开展相应的节日活动。我国每一个传统节日都有其特定的节日主题，并有着与之相适应的节日符号与节日活动。广大家庭应创设形式多样的过节方式，改变"手机过节"的不良导向，丰富节日活动，使家庭成员在互动交流中增进人伦亲情，培育文明风尚。

2. 学校——多方联动育人合力

影响大学生思想形成的因素是全方位、多领域的，优秀传统文化育人格局的构建需要学校、家庭、社会各部门在教育事业上互通有无、有机联动，形成强大的育人合力和向心力。家校间增进沟通频次。高校应配备健全的辅导员队伍，鼓励辅导员积极与学生家庭保持紧密联系，尤其是需要重点帮扶的对象，将家访、电话问询等落到实处，有效利用微信群、QQ群等沟通媒介，以精炼、高效为原则定期与群内家长保持沟通，帮助大学生家长强化教育"主人翁"意识，以此高度重视家庭教育的作用。社校间统筹协调、相互配合。学校应从社会中汲取优质的资源，施行"走出去"与"引进来"相结合的举措；社会相关部门要充分利用公共宣传平台，如公交站点、广场、公园宣传栏，大力宣传中华优秀传统文化，潜移默化地影响大学生文化自信的养成。同时，高校应增进与各企事业单位间的沟通，为大学生提供多元、有价值的实践机会。家庭与社会间相互促进、共同成就。无数个小家构成了社会这个大家，家庭的和谐关系着整个社会的幸福指数，也间接关乎优秀传统文化的传承与发展。所以，每一个家庭成员都要为良好家风的形成付诸努力,重视和弘扬"孝"文化,共同为文明、和谐、诚信、友爱的社会发展巩固根基。同时,社会的繁荣发展也反作用于每一个家庭,带来思想上、精神上和心灵上的温暖慰藉。

学校是重要的育人场域。实现中国传统节日文化的育人实践功能,需要充分利用专门的学校教育,构建传统节日文化育人的教育体系。首先,要将传统节日文化的理论学习融入课堂教学内容,帮助教育对象形成对传统节日文化的正确认知。其次,要将传统节日文化的参与体验融入实践活动。学校可以开展类型多样的实践活动,如与传统节日文化相关的征文、演讲、知识竞赛等,这些竞争类的活动能使教育对象从课本教材里的冰冷知识点中脱离出来,以一种更生动、更形象的方式实现对知识的学习与运用。另外,学校还可以选择一些传统节日,组织教育对象走出校园,深入社区、深入社会去真正领悟节日文化的精神内涵。这种理论与实践相结合的方式有利于教育对象真正将传统节日文化中的价值理念内化于心、外化于行。最后,要将传统节日文化的精神熏陶融入校园建设。校园环境在影响、教育学生的过程中有着不容忽视的作用,它既不同于课堂教学中的理论灌输,也不同于实践活动中的参与体验,校园环境的作用是一种隐性方式,于潜移默化中实现春风化雨般的影响。因此,实现传统节日文化的育人功能,也需重视校园环境的作用。

3. 社会——创造文化育人环境

"以活动作为思想政治教育的载体是思想政治教育的内在要求,良好的思想道德素质的养成,只有在社会活动中才能实现。"社会环境育人的传播力度更强、更广,但是优秀传统文化融入的程度不够深入,并且育人氛围也不够浓厚。

其一,注重中华优秀传统文化传承基地的维护和建设,比如长春电影制片厂、一汽博物馆,成都的武侯祠、杜甫草堂,延安的红色基地等。持续跟踪相关硬件和软环境发展情况,配备齐全专业、传统文化素养深厚的讲解员,面向高校大学生开放实习名额并给予部分优惠政策,使大学生在寓教于乐中加强与优秀传统文化的黏性,有利于产生思想上、情感上、精神上的共鸣,扩大社会优秀传统文化育人的影响力。

其二,街道、社区应牢牢把握中华传统节日、重要纪念日节点的宣传契机,比如学雷锋纪念日、五四青年节、八一建军节、马克思恩格斯诞辰等。通过主题实践活动形成正能量的舆论导向,引导大学生领悟开拓创新的"拓荒牛"精神,在传承优秀传统节日的同时进一步促进社会范围内社会主义核心价值观的传播和渗透。

其三，鼓励广大大学生积极参加寒暑假"三下乡"、志愿性社会活动，并出台相关奖励机制。针对有需求的地区精准开展定点帮扶社会实践，在大学生精神需求驱动下发扬艰苦奋斗的"老黄牛"精神，实现对中华优秀传统文化从认知到理解、从认同到实践的愿景。在社会层面开展创造浓厚的优秀传统文化育人环境的工作是循序渐进的、充满荆棘挑战的，需要各个部门上下一心、排除万难、明辨优良，强化自身的责任担当和使命，成为中华优秀传统文化融入大学生思想政治教育工作坚定的后备力量。

4. 媒体——拓宽育人宣传渠道

实现传统节日文化的育人实践功能，需要充分发挥媒体的宣传与渗透作用。一方面，要发挥主流媒体的舆论导向作用。传统节日要在当今实现重建与振兴，就必须与现代接轨，这种接轨既指节日文化的内涵需要符合时代要求，也指节日文化的呈现形式需要体现现代方式。另一方面，要发挥新媒体的宣传渗透作用。随着网络信息技术的飞速发展，各式各样的新媒体层出不穷，与传统媒体相比，新媒体更具便捷性、实时性与开放性。目前，我国的新媒体主要包括网络媒体、手机媒体、数字电视等，因其所具有的特性在年轻一代生活中占据重要地位，并成为文化传播与价值理念宣传的重要手段，因此，利用新媒体可拓宽传统节日文化的传播渠道，从而使实现节日文化育人实践功能的前景更为可观。

二、校训文化育人实践

传统文化是校训文化形成的沃土，只有立足于优秀传统文化的校训才是蕴含巨大的文化育人价值的校训。在校训中，我们总能发现其或多或少地蕴含着中国传统文化元素，对校训文化的深入挖掘能够更加充分地阐释传统文化的内涵，也能丰富校训文化的内涵。深入挖掘校训背后的经典传统文化，一是能对广大师生开展中国传统文化的教育和精神熏陶，二是有利于大学生形成正确的三观以及时刻警醒大学生的一言一行。校训文化的育人过程具有实践性，受教育者的思想品德要表现在行为实践上，检验受教育者的思想品德形成也要看其行为实践，而表现思想品德形成的基础是实践活动。离开了实践活动的校训文化育人也会变成毫无意义的空洞说教。所以，各大高校应积极开展相关的文化实践育人活动。

（一）丰富校训文化育人活动形式

大学生作为校训文化育人的教育对象，同时也是具有主观能动性的主体。校

第五章　中华优秀传统文化与文化自信的育人功能

训文化育人功能的发挥效果在很大程度上取决于大学生对校训文化育人活动的接受与认可度。因此，一定要时刻关注和激发大学生的积极性，只有了解大学生的需求才能开展大学生认可的校训文化育人活动。很多高校开展的校训文化育人活动多以参观校史馆、新生开学典礼、校庆活动等形式为主。当然，这种形式的活动对于刚入校的新生来说是极具吸引力的，但对于高年级学生就不一定能发挥其最大的育人作用。学校除了这些方式之外，还可以通过举办校友访谈、先进人物事迹宣讲等活动提高学生自觉学习校训文化的兴趣和热情，让他们加入校训文化育人活动中来。这样的活动形式不仅可以让学生主动参与进来，同时也增强了学生对学校的认同感与归属感，也极大地调动了在校大学生参与校训文化育人活动的积极性，鼓励大学生了解校史、大学精神。

（二）拓宽校训文化传播的途径和渠道

合适有效的宣传方式，是校训文化得到推广、在受教育者心中"扎根"的重要措施。目前，校训文化的宣传方式都是较为传统的，例如以开学典礼或是毕业典礼的形式开展宣传，在此过程中一般是由院校领导人发表讲话，在此过程中势必会对校训进行解读。以昆明理工大学的校训"明德任责，致知力行"为例，这则校训对于新入学的学生来说，开学典礼上的宣传以及军训过程中对校训的诠释能激励学生在新的学习环境中专注学业、积极奋进；对于毕业生来说，毕业典礼能赋予他们踏上人生新征程在社会、职场中一往无前拼搏的昂扬斗志。

需要在宣传上与受教育者的学习生活紧密联系起来，这样才能使宣传的信息准确地送达受教育者。第一，将校训文化宣传与教学相结合。课堂是受教育者接受教育的主要阵地，也是能对学生的人格、道德价值观产生深刻影响的地方。在课堂上才能系统、结构化地向学生讲解校训文化所包含的内容，以及所表达的价值追求和它所体现的高校文化等。第二，将校训与课外实践相结合。实践活动能够将学生所学的知识通过实践内化为自身的思想，高校可将自身校训文化与社会实践课程相融合，在学生的社会实践活动中加入适当的对应内容。如校训文化中含有个人诚信品德内容的学校，可以增加社会诚信调查活动，以突出诚信主题；再如校训文化中包含了勤俭节约精神的学校，可以增加社会生活调研等突出勤俭节约主题的活动。丰富多彩的调研实践活动能够使学生在校训文化育人活动中体会到校训精神的现实表现，也能不断深化学生对校训文化育人的认识，还能提高学生对校训文化育人活动的参与度。

三、网络文化育人实践

（一）用社会主义核心价值观引领高校网络文化建设

对于高校来说，要在社会主义核心价值观引领之下大力建设网络文化，这对培养大学生的使命感、责任感具有积极影响。在高校网络文化建设的每一个环节、每一方面都要体现出社会主义核心价值观对培养人、发展人的作用，让大学生在潜移默化中更加坚信党和国家的领导，更加坚定政治信仰、坚定理想信念，增强对国家的归属感、认同感，意识到当代青年肩负的责任和使命，增强责任意识与担当意识，愿意为中华民族伟大复兴贡献一己之力。

对于高校来说，想要建设校园网络文化，可以通过很多途径，例如学校的官方网站、校园微博、校园微信公众号等平台，通过这些平台积极培育和践行社会主义核心价值观，引导大学生形成正确的理想信念。在建设、丰富和完善优秀校园网络文化过程中，高校要始终坚持把校园网络的意识形态导向功能的核心地位体现出来。对高校大学生来说最具有吸引力的是高校网络文化阵地，如果社会主义主流思想不去占领这一阵地，那么其他非主流意识形态就会去占领。因此，对于高校来说，在建设校园网络文化这一过程中，需要不断向广大学生倡导社会主义核心价值观，不断增强学生的民族文化自信心，帮助学生树立正确的价值取向，提高他们在开放虚拟的网络环境中辨别良莠不齐的网络信息的能力，充分发挥他们的主观能动性、积极创造性。大学生是使用校园网络的主体，因此高校要想实现校园网络平台的繁荣发展，必然需要大学生积极主动参与建设，给校园网络平台的建设和管理提出实质性、可操作性的建议。高校应该想办法充分调动大学生的积极性、创造性，引导大学生主动参与开发、建设相关的主题网站、校园App、网络文化平台等，让大学生在此过程中逐步形成高校网络文化的主人翁意识，打造与时俱进的高校网络文化。

（二）坚持社会主义先进文化的发展方向

社会主义先进文化是以马克思主义为指导，植根于中华民族优秀传统文化，立足于中国实际，吸收全世界的有益文化成果，通过不断的改革创新才最终形成的。对于高校来说，其网络文化的建设工作必须紧跟社会主义先进文化的发展步伐，始终与社会主义先进文化前进方向保持一致，让校园网络文化体现出民族精神、时代风貌和校园特点，更好地帮助大学生洗涤心灵、拓宽视野、丰富精神世界。

第五章　中华优秀传统文化与文化自信的育人功能

高校网络文化建设的目的是让全校师生有积极健康的思想，营造风清气正的校园网络环境，最终目标是要培养社会需要的人才，使校园网络文化在弘扬中华民族传统文化和传播社会主义先进文化中发挥出重要作用，把腐朽内容拒之门外，防止其进入校园网络空间对大学生产生消极影响。因此，高校要从大学生关心的社会热点问题、时事政治、校园活动、学校生活、招生就业等角度分别切入，把握创作和宣传文化作品机遇，利用每年的关键时间点，如开学季、招生季、毕业季等，鼓励师生打造优秀的原创网络文化作品。高校要把对大学生的思想道德素质、科学文化素质和艺术素质等培养融入相关网络文化作品的创作之中。对于校园网络文化作品来说，其形式必须新颖，要以更加丰富多样的形式展现给大学生，如创作网络文章、漫画、微电影、微视频等，并将这些网络文化作品展示在校园官网、校园微博、校园微信公众平台等，用大学生更乐于接受的方式弘扬主旋律、传播网络正能量，宣传社会主义先进文化和中华民族传统文化，让大学生在受到优秀网络文化作品的熏陶之下坚定理想信念，坚定社会主义共同理想，坚定政治立场，提高思想政治觉悟。高校要努力宣传真理，传播优秀文化，发扬科学精神，塑造学生高尚人格，提高学生思想境界，弘扬社会正气。

（三）打造学生喜闻乐见的校园网络文化

随着新媒体的普遍应用及其在大学生的生活和学习中发挥着巨大影响，各种类型的手机 App 以及功能软件层出不穷，以微博、微信为代表的网络平台对大学生的学习生活、行为习惯、价值观念等有着十分重要的影响，每一个大学生都可以制造并传播网络信息，因此高校育人工作必须实现现代化，把网络技术运用到高校教育教学的工作中已成必然，要充分利用"三微一端"，实现线上线下相结合，激发大学生的积极性、主动性、创造性，丰富育人资源，创新育人模式，提高育人效果，促进大学生的全面发展。为提高高校网络文化育人平台对大学生的吸引力，充分发挥高校校园网站的育人功能，可采取以下措施：

高校要运用新媒体更好地服务广大师生，向社会展示学校的悠久历史，介绍学校当前发展情况。现在，微博、微信、微视频等为高校的育人模式提供了更多选择。对于大学生的校园生活来说，校园微博以及校园微信公众平台的建立也会对其带来十分重要的改变，学生可以通过它们的各种功能，如订阅、评论以及转发等，实现更频繁、更有效果的互动沟通。校园微视频的内容简单生动，会给人带来较强的视觉冲击力，更能对大学生产生吸引力和感染力。高校要积极利用手机客户端向大学生传播正能量、传送知识、发布校园生活信息等，同时要大力动员各个部门、各个学院、各年级以及班级开通微信、微博等平台，让微平台覆盖范围辐射全学校，拓宽大学生思想政治教育新途径。

高校要充分利用微博、微信、QQ等网络平台，用短视频、文章、漫画、歌曲等形式向大学生传播高校网络文化；用大学生更感兴趣、更乐于接受的形式传播网络文化内容，提升网络文化内容的新颖性，使得网络文化内容更能吸引并感染大学生，引导大学生践行社会主义核心价值观，让大学生更深入地理解、更积极地支持党和国家的路线、方针和政策。高校要积极推动微信、微博、微视频、手机客户端的协同作用，用丰富的内容、多样的形式展现高校网络文化，这样师生互动频率更高，更有利于向大学生传输思想政治教育理论知识，解决好大学生的实际需求并掌握他们的思想动态，扎实推进高校网络文化育人工作取得实效。

第四节 构筑文化育人体系

一、构建文化育人共同体

高校要强化文化育人的成效，确保落实立德树人的根本任务，就要从顶层设计的角度构建校园文化育人共同体，实现全员育人、全过程育人和全方位育人的"三全育人"目标。高校党委要扛起校园文化建设的主体责任，加强党对文化育人的领导，坚持社会主义办学方向，旗帜鲜明讲政治，建设一支有理想信念、有道德情操、有扎实学识、有仁爱之心的高素质文化育人师资队伍，统筹校园文化协同育人模式的建立和职责的健全，确保人才培养的方向性。高校要发挥教师、辅导员、模范学生和知名校友群体的育人合力，推动育人对象在理想信念、道德情操、思想素质和文化修养上全面提高。教师要通过丰富的阅历和人格魅力感染学生，发挥第一课堂的主渠道作用。高校辅导员要以团学实践活动、学生社团活动等形式，开展第二课堂实践育人活动。模范学生则通过自己的言行感召同辈群体，在同辈群体中弘扬向上向善的文化新风尚。知名校友可定期回校开展文化论坛，提升大学生的文化品位。高校要通过校内外联动，将文化育人融入校园、家庭、社会、生活、虚拟空间等，在课堂内外形成育人共同体。首先，要将高校所在地的图书馆、博物馆和档案馆中的资源进行整合，系统规划，形成当地的一体化资料库，为师生学习和掌握学术科研前沿动态提供便利。其次，地方高校之间要互联互通、相互协作，共同创新文化育人理念，共享教育教学资源，共同举办

第五章 中华优秀传统文化与文化自信的育人功能

文化实践活动，提高校园文化育人协同能力。最后，充分吸纳中华优秀传统文化资源。高校应积极与地方对接，开设固定文化路线，设置固定文化场所，形成优质文化育人大环境，凸显文化育人价值。

二、建设文化育人主阵地

阵地建设是文化育人的根本，它是使各个教育要素相互联系、相互协调的重要因素。高校在文化育人过程中，要想增强文化育人的整体实效，必须建设文化育人主阵地，充分打造以课堂教学、校园文化、网络平台和实践活动为主体的文化育人主阵地，以此来增强文化育人的实效性。

（一）优化课堂教学

课堂教学作为高校主要的教学方法，它是教师进行知识传授的主要载体。作为文化育人的主阵地，高校思想政治理论课承担着文化育人的重要职责。我们可以将文化育人贯穿到思想政治理论课教学当中。

（二）丰富校园文化

文化具有教育人、熏陶人、塑造人的功能，这种功能的体现主要借助于特定的文化环境。校园作为特定的文化场所，对大学生有着重要的影响。良好的校园文化氛围，不仅能够给学生创造良好环境，还能发挥潜移默化的文化育人功能。高校应该打造绿色校园，丰富校园文化，让校园真正发挥好文化育人的载体作用。

校园文化的建设主要包含物质文化建设和精神文化建设。针对物质文化建设，高校要做好布局规划，充分利用好校园已有的绿色植被，增加校园绿色景观建设，引入地方特色文化，建设具有地方特色的校园。此外，还可以根据学生不同的活动场所进行针对化的设计。例如可以在教学楼和宿舍楼安装节能灯和节水水龙头，在校园里摆放分类垃圾桶，加大对资源的回收利用，在学校食堂推广个性化餐盘，使学生可以按量取餐，杜绝食物浪费，让环保建设充满学生生活的每一个角落。针对精神文化建设，高校要形成绿色环保的校风、教风和学风，形成绿色和谐的人际关系，塑造良好的校园文化氛围。校风是学校精神风貌的体现，对于学生的发展进步有着激励作用，高校要把文化与校风相结合，利用绿色环保的校风校训，潜移默化地影响学生，使其养成环保行为习惯。同时，还要建设文化教师队伍，形成绿色的教风，利用教师的榜样作用感染和熏陶学生。教风对于高校文化育人至关重要，对于学生学风的培养也具有促进作用。高校要积极倡导文化学习活动，鼓励学生参与实践活动，形成人与人、人与自然和谐共生的建设格局。

（三）搭建网络平台

随着信息时代的到来，网络已经成为重要的文化传播载体。大学生在互联网上投入了大量的时间与精力，网络的便捷性以及海量的信息改变了他们的学习与生活，甚至影响着他们的交往方式与价值观。因此，高校可以充分发挥互联网载体对文化育人的辅助作用，积极搭建互联网平台，开发文化互联网教学。互联网教学相对于传统教学方式，时间、场地更加灵活，可操作更强，可以使学生充分利用碎片化时间，进一步加深对文化的学习，达到事半功倍的效果。因此，高校文化育人工作者要充分利用网络平台这一载体，采取措施，趋利避害。互联网教学主要分为线上学习与自学两部分。针对线上学习，高校应当积极创建文化教育网络课堂，加大人力、财力、物力的投入，开发文化育人专题网站，录制文化精品课程，利用专业人员不断补充和更新网站信息，扩大网站学习资源，邀请国内外知名专家进行网上讲座。此外，还可以组织学生观看一些文化影视作品、电视节目或纪录片，利用视觉效果，让学生亲眼见证，引发情感共鸣，从而提升文化意识。在大学生进行网络文化自学过程中，高校要为其提供充分的学习资源与学习条件，可以利用网络客户端或各种App发布文化教育内容，例如，利用QQ、微信、学习强国等学习文化理论知识，利用快手、抖音等把相关文化教育的理论知识制作成小视频，以学生更加喜闻乐见的形式予以呈现，可以达到更好的学习效果。

（四）开展实践活动

实践活动是文化育人的重要载体，高校文化育人不能只停留在理论层面，还要与实践活动相结合。高校在进行文化育人过程中，要把实践活动作为教育过程中必不可少的教学手段来看待。在文化育人过程中，理论教学与实践活动缺一不可。因此，高校文化育人要与实践活动相结合，使两者相互促进，达到更好的育人效果。高校开展的实践活动主要分为校内实践活动与校外实践活动。校内实践活动要以校园为依托，充分利用好校园内的资源开展实践活动。高校可以发挥社团优势，成立专门的文化社团，或者通过学生会、团组织等举办文化育人实践活动，鼓励和动员更多的大学生都能参与进来，也可以以班集体为单位，建立校外实践活动基地，定期去基地参观与实践，开展实践调查活动，更真实、具体地了解当地发展状况，寻求解决办法，为当地建设建言献策。

三、建立健全文化育人体制机制

建立健全文化育人体制机制为教育者和管理者开展文化育人工作提供了制度保障。高校要确保文化育人工作的顺利开展就需要完善有关文化育人的奖惩机制以及体制。各高校要从各部门抽调有相关工作经验的管理者或是教育者组建一支专业化的队伍，并根据大家经验的不同明确分工。同时，还要完善文化的体制机制，体制机制的完善是保证这支队伍顺利开展文化育人工作的强有力保障。每次开展文化育人活动都要总结经验和反思错误，不断完善，并在此基础上为体制机制建设提出有效的意见，以确保体制机制的完善。此外，要形成具体化文件说明，让文化育人活动有文件依据。完善文化育人体制机制，可确保文化育人工作开展的每一个阶段都有制度的保证，特别是对于各部门联合开展文化育人活动有着极其重要的推动作用。同时，高校要针对不同专业、年级联合开展文化育人活动，这有利于缩小各部门之间的差距。依据年级的划分，注重对低年级的学生加强引导，在联合活动中找到不足并加以改正，通过不断的实践活动达到文化育人的效果，同时总结活动经验，顺应国家对文化育人的要求不断完善文化育人体制机制，以确保文化工作有序地开展。

四、优化文化育人方法

在高校文化育人过程中，需要不断创新文化育人的途径和方法，从而不断满足学生的需求与时代发展的需要。传统文化育人过程中，高校教师主要以显性文化育人方法为主，忽视了隐性文化育人方法的重要作用。新时代高校文化育人方法的优化就是要将显性文化育人方法与隐性文化育人方法相结合，利用知识传授法、隐性育人法、生活习惯养成法等为社会主义培养合格的人才。

（一）知识传授法

知识传授法是理论课教学中经常用到的方法。它主要是教师运用语言方式，系统地向学生传授理论知识，传播思想观念，目的是为了发展学生的思维能力，提高学生的理论水平与知识储备。文化涵盖了多个方面的知识，涉及的内容范围也非常广，其中必然包含许多定义、概念等理论性较强的知识点，这时就需要教师采用知识传授法，将文化的基础知识与理论灌输给学生。高校也应该响应教育部门的号召，利用专门的教师通过知识传授法灌输给学生，使他们在充分了解文化的基础上进一步形成自己的价值观。此外，高校还要完善文化育人内容，构建文化内容体系，以此推动高校文化育人工作的有序开展。

（二）隐性育人法

隐性育人法是随着思想政治教育方法改革创新过程提出的一种新型育人方法。相比显性育人法，隐性育人法更注重潜隐性，是利用熏陶、感染等浸润式的教学方法来实施教学。隐性育人法与显性育人法虽侧重点不同，但二者范畴对应、作用互补。显性育人法往往采用公开、有目的的教学，直接将内容传授给学生，内容固定，方法单一，学生一般处于被动地位。隐性育人法具有内容上的隐蔽性、育人方法上的多样性，而且育人方式比较开放，不受时间、空间限制，使学生能够主动接受，从而达到教育目的。高校在进行文化育人过程中一定要重视隐性育人法的应用。隐性育人方法多种多样，高校在文化育人过程中可以主要把握以下三种方法：一是渗透式育人法。主要利用周围的事物与环境，将文化渗透到受教育者所能接触的一切事物当中，在不知不觉中感染受教育者。高校还可以将文化渗透到学生参与的各种社团活动以及接触到的大众传媒中，以达到文化育人的目的。二是陶冶式育人法。高校可以利用陶冶式育人法，营造文化氛围和环境氛围，促进学生道德情操的培养。三是实践体验法。这是通过具体的实践活动来亲身体验，引导受教育者在实践中获得真实感受，形成正确价值观的一种方法。高校在文化育人过程中可以多组织学生参与一些与文化相关的活动，如植树活动、爱护地球活动等，使学生在实践体验中提升自己的文化认识水平和文化素养。隐性育人法是应对教育环境变化的需要，也是唤醒大学生主体意识的需要，高校在文化育人过程中一定要运用好隐性育人法，使得文化育人更符合学生的发展需求。

（三）生活习惯养成法

文化育人作为一种价值观教育，必须贯穿到学生生活的方方面面，所以，我们必须将价值观融入学生的日常生活，培养其良好的生活习惯。一方面，从学生角度来看，要将绿色的生活方式贯穿到他们的衣食住行中，提倡学生树立正确的生活观和消费观。另一方面，作为学生的管理者，高校应该为学生提供一个绿色文化的生活环境。例如，建设绿色校园，多种植一些花草树木，使学生感受到生活在绿色环境中的舒适。还可以多张贴一些保护环境的宣传标语，从意识形态上引领学生树立保护环境理念，形成绿色的生活方式。教师也要以身作则，发挥模范带头作用，为学生树立正确的榜样，多使用绿色环保材料，提升环保意识，多参加环保活动。

五、营造文化育人环境

文化自信的培育必然要创设良好的文化环境，让文化环境发挥隐性教育的作用，让文化自信无处不在、无时不有，随时随地让学生能够受到文化的熏陶、文化的感召。优化文化育人环境需要社会组织和机构、高校党委、社团组织、辅导员、思政课老师以及学生家长等多主体协同发力，配以学生主动参与，逐步营造良好的校园文化环境，打造清朗的网络文化环境以及和谐的社会文化环境，让各种文化环境协同发力，成为文化自信培育的有效辅助。

（一）改善校园文化环境

校园文化环境具有潜移默化的育人作用，积极向上的校园文化环境有助于提升学生思想道德和人文素质，需要将文化自信元素融入校园文化建设的方方面面。校园文化环境建设要从校园物质文化、精神文化以及制度文化着手，在原有建设基础上融入文化自信元素。物质文化是校园文化建设的基础，具有直观性，校园内的建筑风格、文化设施、雕塑、布局等都能体现出高校的文化底蕴。精神文化具有内隐性，表现为学校的校训、校歌、校徽等。制度文化涉及高校的管理制度、办学原则等，在这其中蕴含的文化因素间接影响着学生的思维和行为方式。校园文化的建设依托社会环境以及学校的历史文化资源，因此学校要注重挖掘历史文化，重视人文情怀的培育，可以设立文化长廊，完善校史馆建设，以及开展高雅文化进校园、筹办校园文化节等，让校园文化浸润学生心灵。

（二）打造清朗的网络文化环境

网络时代的不断推进，网络文化环境的好坏已经成为衡量一个国家综合国力的重要因素。高校教育工作者要意识到网络时代给文化育人工作带来的挑战，同时青年学生也要认识到信息多样化、文化多元化给文化自信带来的负面影响。打造清朗的网络文化环境需要学校和学生一同努力。

首先，高校要加强网站和学校微博、微信平台的建设，大力弘扬校园文化以及传统文化，可以在学校网站上进行最美人物评选，树立榜样典型，在学生中大力宣传，也可以为学生开放网络留言板，倾听学生对于校园文化建设的建议。

其次，要加强对于学生的网络素质教育，让学生文明上网，拒绝网络暴力、网络谣言以及各种网络不文明行为。在这个过程中，可以设立奖惩机制，也可以发挥学生党员的模范作用。此外，学校还可以对地方历史文化资源进行宣传和弘扬，打造具有特色文化的高校。打造清朗的网络文化环境离不开教育管理者和学生网络文明素养的提升，同时也离不开学生对于网络文化环境建设的参与和反馈，要充分发挥教育管理者和学生的作用共建网络文化家园。

（三）创造和谐的社会文化环境

文化育人环境既要有小环境的指引，也要有大环境的熏陶。当前，全社会在倡导培育和践行社会主义核心价值观，倡导发扬民族精神和时代精神，社会的大环境为高校文化自信培育提供了丰厚的土壤。可以说，文化自信的培育从学校到社会实现了全覆盖，有助于大学生践行社会主义核心价值观，实现文化自信。创造和谐的社会文化环境需要全社会共同参与。净化社会文化环境，不但要加强文化市场的监管、加强文化场馆建设，为学校教育提供优良的外部环境，还需要加强社区文化建设。社区是各个家庭的联结体，其建设的好坏影响到家庭文化是否和谐，社区工作者要加大对家庭美德、社会公德等美德的宣讲，招募社区文化服务志愿者，亦可以评选社区最美人物等奖励方式激励大家共创和谐文明社区。构建校内外文化自信培育体系，是文化自信培育的应有之义。文化阵地建设需要校园、社会等方面协同发力，要加强校园文化环境、网络文化环境、社会文化环境的协同作用，发挥各主体的力量创设多维文化育人环境，构筑坚实的文化育人阵地。

六、加大文化育人保障机制

加大对文化的宣传、承办文化活动、完善文化建设，离不开资金支持，加大对文化育人工作的资金投入是教育者与管理者合力开展文化育人工作的现实保障。高校要把文化建设纳入学校预算，加大对文化育人工作财力、物力、人力的投入，以确保文化育人工作的顺利开展。在财力方面，加大资金投入。高校要根据实际情况将文化育人工作方面的经费列入预算，并努力确保经费逐年递增。可把一部分资金用于教师对文化育人的研究中，一部分用于管理部门的实践投入中，这样才能将理论与实践相结合，教育者与管理者分工合作，共同促进文化育人工作的顺利开展，以形成教育合力。在物力方面，高校要为文化育人工作提供